里中李生

成功者は「逆」に考える

SOGO HOREI PUBLISHING CO., LTD

まえがき

私はきっと十年以上前から「女の敵は女」と言ってきた。いや、物書きになる前からフェミニズムの行き過ぎに対して、女性たちにそう警鐘を鳴らしてきた。

ついに「ＡＥＤで男性が女子を助けない」という究極の「最悪」を招いてしまった。目の前の命を救わないのだから究極の最悪だ。しかも、その理由が「セクハラになるかもしれないから」である。記事に「自分が倒れたら、おっぱいを見られても触られてもいいから助けてほしい」という女性のコメントがあったが、その声はフェミニズムや社会には届かない。命よりも最先端の思想が大事なのだ。

児童を狙った川崎の通り魔事件。

飼い猫を誘拐してきて五十匹も残酷に殺した男。

「孤独な社会が彼らを生んだ」と、これまた何の思想か分からない偽善者たちの優しい屁理屈が蔓延《まんえん》し、「その通りだ」という頭の弱い大衆が次のそんな事件が起こるまで、孤独な社会を増大させるためにお酒を飲みながら、スマホをいじっている。スマホばかりに依存しているから孤独社会はますますなくならないが、そこには触れない。しかも、「孤独だから殺人鬼や動物を虐待するのではなく、殺人鬼だから孤独で動物を虐待するから孤独なのだ」という真実は、それを口にすると叩かれる。

格差はひどくなる一方。奇妙な倫理観や道徳意識が蔓延していて、孤独に泣く人がいたとしても、変わったことをすると叩かれるではないか。よくあるセリフがこれだ。

「いい歳をしてそんなことをするの？」


不倫にしても複雑な事情があり、セックスレスの夫婦の性欲の処理については誰も口にしない。

学校のいじめを学校側は見て見ぬふりで、ばれたら謝罪をして終了。

加害者になる生徒は、実は強いのではなく自尊心がなく、自分よりも成績が優秀な生徒、女子なら自分よりも美少女を狙う。自尊心がなくなったのは、親や親族から、「バカ」「ブス」と言われたことがあるからで、その毒親は自分の子供がいじめの加害者でも謝罪しないいし、そもそもキラキラネームを付ける親も国は放置している。

「キラキラネームでもいじめられなかった」という記事を見かけた。新しい文化、現象はすべて「良い」とする柔軟性のない人たちが多過ぎて、それは昭和のすべてを「ステレオタイプ」の一言で片づけることで分かるが、少なくとも、昭和の人たちのほうがコミュニケーションを大事にしていた。今ならカップルがＬＩＮＥで喋っている間にどちらかが死んでいることもあるが、昭和なら必死に会いに行ったものだ。『まちぶせ』なんてヒット曲もあった。

古代の国々は栄華を極め、快楽に走り滅亡したと、これまた快楽否定の道徳主義者たちが言い張るが、大半は自然災害によるもので、日本も巨大地震で半ば終わってしまうだろう。

しかし希望はある。

あなたは令和の時代の最先端の技術、便利機能から、「これはおかしくないか。俺の脳を退化させてないか」と思えるものを排除していけばいいのだ。

そして本書にある科学者の苦労のように、確実に正しい行動だけをリスペクトしていれば、真実が見えてくる。真実とは、あなたの隣でスマホばかりをいじっていて、あなたを見ていない人は偽善者だということだ。あなたのことも利用するだけだ。

昨日、信号のない交差点で横断歩道を渡れずに困っている女子中学生たちがいたから、私が交通量の激しい道に出て行き、両手を広げて「止まれ」と運転手を睨《にら》んで止めさせた。大きなSUVは私の一メートルまで迫っていた。無名の私がそれをネットに書いても叱られないが、有名人だったら、「車に迷惑だ」と大衆は言い出すだろう。道交法では歩行者のために車は止まらないといけないし、そもそもの悪はその交差点に税金を使わない行政。そして私は、偽悪な言葉や真実の言葉を本に書いているだけではなく、現実にも行動に移している嘘のない唯一無二の男だ。

「神は死んだ」とニーチェは言った。

私は声を大にして言う、「人間は死んだ」と。

あなたは、すべての新しいこと便利なものを疑い、逆を突き、もっと新しい生物になるといい。それを進化という。進化すれば成功する。こんなに楽しいことはない。

私の進化した脳は、時速六十キロの車を止めるのだ。それは大いなる成功だ。ビジネスにも有利に働く。

里中李生

Contents

第一部

PESSIMISM

OPTIMISM

第二部

この世界はこんなに生きやすい

ブックデザイン／和全（Studio Wazen）
ＤＴＰ／横内俊彦
校正／矢島規男

界に絶望せよ

mism

第一部

正しくこの世

Pessi

経済を停滞させる日本の国民性

日銀のヘマでバブルが崩壊してから、日本の経済は低迷を続けている。いまだに。物価、給料、不動産……上がっているものは一つもない。アベノミクスで部分的に上昇しているが、あくまでも部分的だ。

最近、米国や中国で信用収縮をしていて、非常に危険な世界の経済情勢だが、日本でもまた信用収縮がひっそりと行われているかもしれない。

例えば、キャッシングで一般のサラリーマンが五十万円まで借りられたのが、事前に何のアナウンスもなく、十万円までに制限されているかもしれない。それまで借りて、返しての繰り返しをしていたのが突然できなくなり、自己破産やカード利用停止になったりする状況がある。知人が、「急に上限が制限されたんだ。何もしてないのに」と言っていた。それは知人が返済を怠ったからかもしれないが、一週間程度だっ

Optimism

たという。

信用収縮が始まったら、それは経済がまた落ち込んでいるという意味でもあり、バブルが崩壊したのも、大規模な信用収縮が一因だった。

その後、平成の期間、ほとんど何の対策も取られず、庶民がどんどん苦しくなるばかり。税金は上がっていき、給料は上がらない。デフレも続いていて、激安だった品物が少し値上がりした程度。価格が上昇したスマートフォンは売れなくなった。

そんな中でも、政治家、官僚などはもちろん、安定した収入を得られる。選挙のときだけ多数派の庶民、特に高齢者と女性に媚《こ》びていれば安泰。シングルマザーの人たちや労働者、サラリーマンはほったらかしである。

しかし、それは日本人の国民性が悪いからだと、外国に住む日本人たちも外国人も口を揃えて言っている。


日本は、「民主主義国家の顔をした社会主義国家」として、世界で名を馳《は》せている。

若者たちは知らないだろう。では目に見える事実を言うと、富豪が日本に移住して来ない。

東南アジアのシンガポールのような国やモナコ、ほかの民主主義の国に富豪たちは集結するように移住する。「世界一、清潔で治安も良い」と絶賛されているはずの日本には、なぜか住まない。

そう、先進国の中でも世界一、二を争うほど税金が高く、そして税制がお粗末なのだ。庶民の方たちは分からないだろう。税金が高いのは中流以上の人たちだ。二億円稼いだら、一億円以上は税金に持っていかれてしまう。

「ざまあみろ」と思うのだろう。庶民は皆そうだ。だが、そのせいでお金持ちは外国に流出。外国から富豪たちもやって来ない。

税収のしわ寄せは、「ざまあみろ」と言っている庶民たちに来る。

消費税も上がるばかりだ。車を持ったらさまざまな税金があるのも日本だけ。暫定ガソリン税はもう三十年以上「暫定」である。

私はフリーランスだから、国民保険を払っている。保険料が年間七十万円前後の期間がずっと続いていたが、友人たちは誰も信じてくれなかった。皆、五万円以下だからだ。

国保も正式には、「国民健康保険税」と言うようで、これも税金に加算すると、もし中流くらいの人が一戸建てかマンションを購入していたら固定資産税が発生し、税金は合計で六十パーセント越えである。千五百万円稼いでも、迂闊《うかつ》に高級車を買ったら、自己破産が待っている。手元には七百万円くらいしか残らないのだから。

しかし、エリートサラリーマンやフリーのユーチューバーになったら、年収はきっとそのくらいに落ち着くのだ。ユーチューバーで億万長者なんて滅多にいない。しかもそのような非伝統的な商売で儲けると、税務署は鷹のような目であなたを監視する。

サラリーマンには税務署は優しいと思う。だが、フリーランスの非伝統的な商売であぶく銭を稼ぐようなことをしていたら、ネット銀行の入金の一円単位まで調べられる。あなたの「あっという間に一千万円」という詐欺まがいの動画は、管轄の税務署が見ていることをお忘れなく。

その監視されているストレス、粘着質に攻めてくるやり口にやられたときの苦痛は想像を絶するもので、私の友人の友人たちに、自殺した者、夜逃げした者が何人もいる。私の友人にはストレスでぶっ倒れた男も二人いる。税金のストレスだ。

「税理士を付けて上手くやれよ」と思ったあなた。ほら、またお金がかかるではないか。顧問税理士なら、毎月三万円近くかかる場合もある。それに税理士が、税務署や地方の役所より強いことはなく、ただ、経費の計算をして申告をきちんとしてくれるだけだ。

別項で、「女子は優秀な男を支えるだけで楽に暮らせ」という内容を書く。セックスと家事などを頑張っていなさいと。女性が非伝統的な商売で稼いだ後に、国家と戦えるのかということだ。

強靭《きょうじん》な精神力を持っている男たちでも勝てず、海外に逃げていく。日本よりも税制がまともな国に行くものだ。正当な商売なのに苦痛を感じた男たちは、比較的、欧米の国に行くことが多い。アメリカ、オーストラリア、フランス……。怪しい商売で怖い思いをした男たちは東南アジアに行く。タイ、シンガポール、香港……。

無論、正当な仕事で東南アジアに移住する人もいるが、ネットビジネスやファンドなどで失敗し、さらに国税などに追われた人たちが多く行くのが東南アジアで、昔からあるまともな仕事で儲け過ぎて、税務署とケンカした人はオーストラリアやアメリカというケースが散見される。

正当な仕事で日本から出た男たちにはまだ余裕があり、穏やかに暮らしたいと考えている。怪しい商売で失敗した男たちは、もう一発勝負しないといけないから、何もかも「緩い」東南アジアに出向く。

途中、外国人から見て、「日本人の国民性が良くない」と書いた。

要は、そう、日本人は国に対して怒らないのだ。

フランスでは税金、政策のことで暴動が起こった。ちょうど、ノートルダム大聖堂が燃えた前後だ。あれを日本人はやらない。税金が苦しくても、給料が上がらなくても。

そういえば令和に変わったときの十連休で苦しんだ人たちがとても多かった。リハビリが必要な人がそれを受けられなくなったり、薬がもらえなかったり、仕事がストップしたり、もらえるはずの報酬が半月遅れたり……。死活問題になった人たちが非常に多かった。夫婦仲が元々悪かった夫婦が離婚になったという話も聞いた。ずっと家で顔を合わせていたからだろう。

それはいいとしても、国民に「苦痛」を与えた政府与党は何のつもりだったのか。自分たちは悠々自適の生活をしていて、何をやっても庶民を苦しめるばかりだ。

しかし、悪いのはそれに怒らない日本人の民族性。怒らないことが美徳と思っているのは、躾《しつけ》を禁止にして、ちょっと子供を叱った著名人を一斉に叩くことからも分かる。

恐らく国民の八十パーセントが政治のこと、日本の税制の杜撰《ずさん》さを知らないのだろう。国保のことに関して言えば、いつかの選挙で「なんとかしたほうがいい。フリーランスいじめだ」と訴えていたのは共産党だけだった。しかし、共産党に票を入れるのは、私もためらった。それ以来、私は選挙に行かなくなって、政治の話も書かなくなった。

だからこれが最後の政治の話になるかもしれない。選挙に行くようになったらまた書くが、それは、選挙の争点が税金のことや、子供の交通事故死の問題になったときだろう。

私は暴力が嫌いで、人類の暴力の歴史を勉強した。暴力が激減したのは良いことだ。しかし、国家に対する怒りがなくなったような国はそれが美徳だったとしても、人間の退化としか思えない。喜怒哀楽の感情の一つを失ったのだ。

日本の経済が停滞したままなのは、私も含め、我々国民が悪いのだ。

働かないからではなく、政府に対して怒らないからである。消費税が十パーセント以上になることに決まったら、日本中で「断食の抗議」をするとか、「一斉に仕事を休む」とか、暴力以外のやり方もある。

それを主導するのは、私ではなく、活動家、評論家の偉い人たちだと思っている。辺野古《へのこ》のことで、署名を集めてトランプに送ることができるタレントさんでもいいだろう。地政学リスクのことを考えない滑稽《こっけい》な活動だったが、その怒りは評価している。

上から目線で申し訳ない。私は本を書くことが精一杯で、ＳＮＳで頑張る気力はないのだ。

狂信的に語られる陰謀論

私は、日本人の心の病み具合は頂点に達していると思っている。

YouTubeの影響もあると思うが、「陰謀論」などは、それを口にする人は統合失調症の疑いがあると、有名大学の研究でいわれているほどだ。「東日本大震災は仕組まれたものだ」とか、「地球温暖化は大国が意図的にやった」とか、テロにしても「米国の内部からの誘導だ」とか、開いた口が塞がらない。それを熱心に、狂信的に語っているYouTubeを見て楽しむ程度ならいいが、信じてしまったら、もうあなたは病院に行ったほうがいいだろう。

Pessimism

しかし、信じる人が多いのである。そして、そんな根拠のない話を口にする人間が。

もっと詳しく言えば、たった一人の政治家が不審死したりすれば、それは怪しいかもしれない。ケネディ大統領がそうだし、その恋人だったマリリン・モンローもそうだ。日本なら、中川昭一《なかがわしよういち》である。しかし、戦争でもないのに、国家の諜報員や工作員がジェノサイド級の大量殺人をしたのだとしたら、それはヒトラーがやったことと同じで、まずはあり得ないのだ。ばれたらその国は国際連合に叩かれて、終了だ。

科学的な根拠があるかないか。その根拠がどれほど証明されているか。それを確認してから、「不思議ちゃん」な話を口にするのが賢明だと思っている。

事例としては、幻の大陸アトランティスの場所だ。サハラ砂漠にアトランティス大陸があったと、最近、話題になっている。根拠の大元は、プラトンの本なのだ。『テアイテトス』に、それらしき文明があったという会話が出てくる。プラトンが妄想だけで語るはずはなく、人工衛星からその場所を捕捉したら、やはり何か奇妙な地形になっているというわけだ。

プラトン、ダーウィン、アインシュタイン……。これくらいの天才、偉人が示唆《しさ》していて、さらに現代の科学技術で「何かあるな」と発見されたら、それは確定だろう。

先日、インドネシアの大統領選挙の開票作業に関わった従業員百人以上が、過労死をした。すぐにネットで、「不正を隠すために殺されたんだな」「国家ぐるみの陰謀がある」などと口にする連中がいっぱいいいて、私は「気持ち悪い。こんな男たちとは友達になれない」と、ぞっとした。ちなみに、国家警察官も過労死しているので、国家ぐるみということはない。

ほかに幽霊の存在を信じるとか。ホラー映画の観過ぎか、怪奇現象を体験したのか分からないが、それも脳の構造がほかの人と違うからだ。

例えば磁場が乱れていても、奇妙な幻覚を見ることがある。

もし私が夜の山道で車の運転をしていたとしよう。昼間の街中ではなく、夜だ。車のフロントガラスに突然、女の幽霊が乗っかってきても、ちょっとブレーキを踏むくらいで、私は丁寧に女性幽霊に対応して差し上げる。車から降りて、もし方位磁石でも持っていたら磁場の確認をして終わりだ。

磁場が狂っていなければ、私の右脳に異常が発生していると判断して、抗不安剤か高価なユンケルでも飲んでおく。炭酸水も効く。その間、その幽霊が美人だったら大歓迎で、美人じゃなかったら「検証中だから邪魔です」と言っておくと思う。

私は実は幽霊をしっかりと見たことがある。しかし、それは私の右脳が見せただけで、実際には幽霊ではない。

お墓参りをしたら良いことがある。御先祖様が見守ってくれているのだ。それでいいと思う。その想い、気持ちが幸運を引き寄せていて、それは自分の脳の力だ。御先祖様が、宝くじの当選番号を操作できるのか。

私の息子が、「どうしたらモニタリングみたいにお父さんをびっくりさせることができるのか」と頭を抱えていたくらいだが、

一、元カノが突然現れる。しかもかなり昔の

二、アントニオ猪木さんや長州力さんが突然現れて怒りだす（かなり怖いわ）

三、超有名女優やアイドルが婚姻届けを持ってきて、「結婚して」と言う

くらいしかないと思う。三にしても婚姻届けが本物かどうか確認してから驚くだろう。

仲良しの女が突然、「別れる」と言ってきても、「(セックスしていても)実は里中さんとは付き合ってない」とか「実はほかに好きな男がいる」とかも、もう驚かなくなった。女性が強い時代のようで、男と別れてもやっていけるし、不倫、浮気が大流行だから、私と付き合っている女がそれを決行する確率も上がるだろう。ただ、驚かないといっても、普通に悲しいからやめてほしいものだ。

息子と、三重県にある赤目四十八滝《あかめしじゅうはちたき》に行った。登山道を歩きながら、私は何度も急に止まって、道にいる蛙や昆虫を拾っては、人に踏まれないように避けた。息子はそれを見て、「どうして見えるのか」と目を丸めていた。

私はほかの景色も見ているのだ。大小の滝は美しく、川魚はいっぱいで木漏れ日はまさにキラキラしている。息子には、「ガリガリのCIAだから」と言っておいたが、「遊歩道にそんな昆虫がいる」と、入山する前に想定しているだけだ。

ほかに「落石がある」「熊が出る」「蛇がいる」「美少女が水着で川遊びをしている

（昔はいたのに、いなかった）」「道を空けないで大声を出す中国人観光客がいる（いなかった）」なども想定していた。

究極のトラブル回避は、息子が冷たい飲み物を切らして、暑さで疲れてしまったときだ。私は冷却ボトルに半分残しておいた。ペースを考えずに飲んでしまう彼のために、自分の分を残しておいたのだ。案の定、売店がなくなった山頂の近くで、彼は参ってしまった。

それらが現実に起こる可能性を、もちろん常に考えている。「この場所、この時間にはそれが起こる確率が上がっているような気がする」という考え方だ。

磁場の話を書いたのは、それらしき場所に行ったら幽霊のご登場も想定しているほど冷静な私から見て、低確率な上に科学的根拠がない陰謀論とか、謎の生物が飛んでいる映像とか、人魚の撮影に成功したとか、さかんに喋っている人間は奇妙にしか見えないからだ。やはりそのような人間は、「軽い統合失調症」であると、有名な科学雑誌に書いてあった。

誹謗《ひぼう》中傷のことは、あげ足取りも含め、有名な科学誌に「彼らは異常な脳をしている」と書いてあるわけではないが（どこかにはあると思う）、あれはもう日本人の病気でしょう。ほかの国でもあるが、じゃあ、先進国の病だ。

そんな落ちぶれた日本に希望があるのか。

ない。

あるとしたら、あなた個人に希望があるだけで、その希望や野心、夢を達成したければ、私のように冷静になったほうがいい。

「確率」という言葉が何度か出てきた。

あなたが成功する確率、幸せになる確率を上げる努力をしたまえ。その目標、目的を達成する時間を陰謀論や誹謗中傷に充てていたら、あなたが成功する確率はどんどん下がる。

このような自己啓発を読んで触発された後に、確率論でも勉強するといいだろう。真新しいコインを投げ続けたら、裏表の確率は同じになる。途中、裏が七回続けて出ても驚くことはない。最後には同じ確率になる。

あなたに不運なことが続いたら、そこで絶望せずに、幸運なことがやって来るまで耐えることだ。それまでに事故死しないように、周囲に何があるかじっくりと見るといいだろう。赤目四十八滝の自慢話はここに集約されたわけだ。コインの裏が七回続けて出たときにやめたら、裏ばかりのままで終わるという意味だ。もう一回投げるために、耐える。

ヒントはこうだ。

あなたの住んでいる町に老人が多ければ、あなたは暴走する車に轢《ひ》かれて死ぬ確率が多少上がるということである。その確率を下げるためには、街を歩くときに周囲を注視して、古い車が来たら身構えることだ。特にプリウス。

私はその考え方で、ガールフレンドや子供も守ってきた。暴走する自転車、チンピラ、逆走する車から守ってきた。諜報員級でしょ。諜報員が幽霊にびっくりしていたら仕事にならんよ。でも、イーサン・ハントも美女には弱いからな。

清廉潔白でなければ許さない日本人

あなたが断腸の思いで不倫をしたら、公開処刑にされるか、すべてを失う。

あなたが大恋愛の末に歳の差結婚をしたら、友人を失う。

あなたが過去に汚いセックスをしていて、それがばれたらもう終了（汚いセックスの定義は分からない）。

あなたが罪を犯した友人を少しでも擁護《ようご》すると、皆に叩かれる。同類にされてしまう場合もある。これは痴漢を擁護した例ではないが、ある鍼灸師が、「感染症の恐れがあるので、痴漢に安全ピンを刺すのはやめて」というツイートをしたら、「痴漢を推奨している」「こいつも性犯罪者だ」という誹謗中傷が相次いだ。そもそも論点がおかしい。なぜ感染症を防ごうとすることが性犯罪と結びつくのか。鍼灸師は冤罪《えんざい》のケースも含めて警告しているのである。

清廉潔白じゃないと許さない日本人。

もう、開いた口が塞がらない。

セックスレス大国だから不倫、浮気は仕方ない。その「セックスレス大国」であるという事実がスルーされている。その割合は四割と言われている。

先に日本人女性を批判すると、結婚したり彼氏と同棲を始めたりしてしばらくすると、羞恥心を失い、女を捨てる。さらに子供が出来たら終了。夫は二番目以下になってしまう。給料を持ってくる、ただのＡＴＭである。

それに対して、男性が自分の手でやる自慰行為、あるいは風俗に行くことが善徳になる習慣や文化ならともかく、公の場ではそんな行動をしているという発言すらできない。違うか。

例えば、私の通っているスポーツクラブでこんな会話があったとしよう。実際は聞いたことがないので創作だが、「妻とは寝室が別なんだ」と。

まだまだ現役の四十歳くらいの男が、主婦の女性に言う。その主婦の女性は首を傾げて「じゃあ、誰とエッチをしてるのかな」と思いつつ、その男に女の影が見えないと、「自分で処理してるんだ」と結論付けるだろう。

実際にスポーツ万能の男が妻とセックスレスだったら、精力のはけ口はAVを見ながら自分でやるか、風俗に行くかしかない。もちろん、愛人でもいればいいが、ここではいないと仮定する。

その主婦が、「自分でやってるんだね」とは口が裂けても言えない、という問題をまずは指摘している。さらに主婦は「風俗に行ってるんだ。かわいい子いる?」とも聞けなくて、さらに、「愛人がいるんですか?」とも聞けない。

どうなってるんだ。

見て見ぬふりをしながら軽蔑だけをしていればいいが、セックスレスでも愛妻家に見えれば良い人で、だけど、性欲の処理が気になる。

実はこのような妄想を膨らませる機会が多くなってくると、人間の脳はおかしくなってくる。その妻とセックスレスの男も違う意味でおかしくなるが、妄想を続ける主婦もおかしくなってくるのだ。この国の男たち、人間のオスの原理はどうなったのかと。「原理」なんて言葉では思わないだろうが、そんな気分になるだろう。

妻とセックスレの男はそれだけで何も語らず、証拠も根拠も見つからない。しかし、聞いている主婦のほうが考えないといけないくらい、彼は精力があり余っているように見えるほど体力がある。

前項で述べた陰謀論の話と似ている。例えば、あるもてもての俳優が、「女は懲りた。今は男友達としか遊んでいない。絶対に女は嫌だ。でも僕はゲイでもないよ」という話をインタビューでしていた。風俗にも行かなくて、ハニートラップが怖いから、モデルなどにも接触しないと言っていた。

それを読んだ女性たちは、「じゃあ、自分の手でやっているのか」と思うか、「若い男性でもそんなにセックスを我慢できるんだ」と判断する。謎が謎を呼ぶが、まあ、自分の手で処理しているだろうと思う。

それを口にできないのだ。本人もインタビュアーも。

つまり、結婚や恋愛以外のセックスは駄目。自分の手でやるのは情けない。風俗なんかに行ったら汚い男。だけど、セックスレスの問題には触れない。

こんなに見て見ぬふりをし、偽善に染まった民族は少ない。

Optimism

偽悪な言葉をジョークで言うことも難しい。私はわざと女性遍歴やフェチを女子に教える。彼女たちを試しているのではなく、相手がトップ女優や絶世の美女だったとしても同じだ。そういう男なんだ。八割の女子に軽蔑されるが、八割の男にそれら女性遍歴があり、フェチもある。口にしなければ綺麗な男なのか。

男に至っては、人妻の寝取りもののAVに夢中で、デリヘルで人妻を抱いたことがあっても、芸能人の不倫には中傷のコメントを書き殴る。「AVや映画は空想の世界」は言い訳に過ぎない。嫌いだったら、人妻の寝取りものは見ない。

普通の映画で言うと、猟奇殺人の映画が嫌いだ。ブラッド・ピットの『セブン』とかだ。ほかに、淡々と時間が流れ、生活や趣味を主張する家族の物語も好きではない。「人生万歳」をテーマにした映画も観ない。セックスの本能が剥《む》き出しで、最後までそのままの映画（例えばフランソワ・オゾン監督の『17歳』）や、無理にハッピーエンドにならない映画（例えばラース・フォン・トリアー監督の『メランコリア』、『ドッグヴィル』）。物事、事件が幸せに解決する映画も好きだが、その中でも事実を元にした話だと観に行く。

歴史上、本当にあった映画で、しかも刺激的な物語が好きだ。例えば『イミテーションゲーム／エニグマと天才数学者の秘密』『シンドラーのリスト』『ホテル・ルワンダ』などだが、それは、自分が同じ立場に置かれたときに、自分もそうしますよ、好きですよ、ということだ。主人公が女性でセックスをする場合、セックスの相手か、その女の理解者になる男の役に感情を移入する。しかし、猟奇殺人者に感情移入はできないし、見たくもない。

善人たちと、昔ちょっと悪くて傷を負った人たちが集まる人生ドラマなど、その辺で見かけるから映画で観る必要はないし、私の人生にそれは無縁だ。「集まるのが嫌い」だからである。「寂しい大人たちが集まる喫茶店」とか、入りたくもない。

人間には憎い人を殺したいという願望がある。

失恋したとき、「そこに刃物があったら相手に向けていただろうと思う」と答える女子がほとんどだ。米国の有名大学のアンケート調査で実証されている。現実に刺す寸前まで行ったが、彼が逃げた、といった答えも数パーセントに上ったらしい。

それくらい、恋愛は複雑で深いのだ。ましてや、日本はセックスレス大国。なのに、自分の手でやっていると笑って話すこともできない。女性は、ハプニングバーのような場所で男と遊んだ過去があったら、もう次の恋愛ではそれを言えない。しかし、夫とはセックスできない。

映画『17歳』でこんなセリフが出てくる。

「私が若かったら、お金をもらって夫以外の男とセックスをした。でもその勇気がなかっただけ。今なら私が男にお金を払わないとね」

年老いた女性が、売春の虜《とりこ》になっている17歳の少女に言う。その会話は二人だけの秘密。複雑で寂しくて、だけどそれが彼女たちの本質。その本質を何かが阻んだ老婆と、阻まなかった少女の違いだけが表現されていた。

倫理に取り憑かれた日本人は、こんな映画は見ないだろう。流行の同性愛なら、『ボヘミアン・ラプソディ』で感動するが、不倫の映画で大いに考えることはない。それはゲイに走ったフレディ・マーキュリーが婚約者を寂しくさせても許せるが、ストレートの男女の浮気や不倫を許せないということではない。不倫や歳の差恋愛や合意の上でも愛人がいたり、それらが当たり前にならないと受け付けないのである。集団意識に流されて、日本独特の社会通念に流されて、自分の信念などない。

自分の信念を口にした人は潰される。

今は不倫。様々なセックスの失敗。

私はある自分のトーク動画で、二十九歳年下の美女とデートをしている話をした。聞き手の彼女が、「実は昔から里中先生のファンで、二十歳の頃に講演会にも行っていたんです」とカミングアウトしたからだ。

そのことを私は知らず、彼女が二十二歳のときに初めて食事をした。当時の私は女子とデートをするような体力がなく、地獄の底なし沼に足を取られていた。

彼女と一度疎遠になり、二十四歳になった彼女がまたやってきて、動画の聞き手を頼んだのだ。その二十二歳から二十三歳にかけてのデートの話になったので、私は動画の字幕に「独身貴族と当時はやんちゃ娘」と入れた。不倫だと疑われて、彼女の将来に傷が付いてしまわないようにした。私の読者にしてみれば、里中李生が美女をどんどん仕留めていくのがリスペクトに値するようだが、それも十五年前の話。今は世間的にも厳しくなっている。若い女性と仲良くしていれば不倫を疑われてしまう。

私は彼女とあるホテルのカフェでお茶をしているとき、こんなセリフを言ったことがある。

「このホテルでデートをした女性とのキス率は百パーセントなんだ。下げないでくれよ」

さて、結果はどうなったか。

失敗したと思ってもらいたい。

だが、私はそれくらいの刺激がないと命の炎が消えてしまうほどの地獄にいた。私だけではなく、不倫や一般的ではないセックス、恋愛をしている人たちの中には、ギリギリで生きている人が多い。

おまえたちのような平凡万歳の人間に、究極の愛は永久に理解できない。私だけではなく、おまえたち、平凡主義、ことなかれ主義、清廉潔白主義の日本人だ。

自殺大国日本

あなたが男だとしよう。

死にたくなるほど追い詰められたことがあるとして、だがそれは他人から見れば「死にたくなるほどですか」という問題がほとんどだと思う。例えば左遷されたときや窓際に追いやられたとき、妻には言えない男の哀しみ、寂しさを感じたとき……。それぞれ、借金の地獄などに比べると些細なことに見える。

ところが、それで自殺する男が半数以上だという見方もある。統計は取れない。末期癌《がん》を宣告された男が自殺をしたとして、その男に借金もあった場合、二重、三重の苦しみがあるわけで、何が原因の自殺かは判断できない。

なので私の私見、世の中を俯瞰《ふかん》した感覚で言うと、重い病を患い、余命も告知された男が自殺するよりも、主任から平社員に降格した、本社から田舎の支店に飛ばされ

Optimism

た、体の色々な場所が同年代の男たちよりも突然老けてきて、若い女性に笑われるようになり、セックスもできなくなった、どうしても必要な欲しいものがあるのに、もっと仕事を頑張らないと買えないと分かった……など、

つまり妻から見て些細に思える出来事、トラブルが蓄積されると自殺するのだ。

先にも書いたが、日本人夫婦のセックスレス率は四割。しかし実際はもっと多いはずだ。月に一回セックスをして「セックスレスではない」と言っても、それは義理だけのセックスだろう。

セックスレスの夫婦は同時に、スキンシップさえもしない。寝室が別か、シングルベッドを二台並べる。肌が触れ合う睡眠にはならない。お金持ちになるとトイレも別々に使う。一階のトイレは妻、二階は夫。絶対に同じトイレには入らないという取り決めをする。お風呂に一緒に入ってはしゃいでいたのは結婚する前だけで、産後にはそれもなくなる。

女性批判になるが、後に男性も批判するから話を続けると、「出産してお腹がたる

んだし、太ったから見られたくない」と言う。それを産後鬱《うつ》の一種だと指摘する精神医学の先生もいるようだが、その「体を見られたくない妻」が不倫をすることがあるし、離婚したらその自称醜い裸体で、次の男と寝るのだ。

セックスを急に拒む女は、基本的に夫への愛情をなくしたのであって、それはほとんどの場合、子供がかわいくて夫を醜く感じるという生理的な理由によるものだが、そのときに「離婚しましょう。もう体を触られるのも、あなたの体を触るのも嫌です」と正直に言うのがベストなのだ。

「離婚したら食べていけない」

そんなことは知らない。男女対等の時代なのでしょう。自分から嫌いになったくせに、その男から生活費をもらい続けるのか。

セックスレスの原因は様々だが、愛情は子供に捧げていて、夫には急激に冷め、または、まさに長い産後鬱になってしまうのだろう。

夫に経済力がないことも多い。出産した瞬間に、「この男の給料でこの子を育てられるのだろうか」と不安になると、水の入ったコップが割れるように夫への愛情は消えてしまい、子供しか見えなくなり、当然、妊娠に繋がるセックスは断固拒否するの

Optimism

だ。コンドームを付けていても、興奮したら失敗することがあるからだ。

なので、そのセックスレスは夫の経済力がなかったことによる産後鬱が起因していて、男のほうにも非がある。しかし、セックスレスを宣言した妻がそのまま「離婚はしたくない」と言い、スキンシップも拒否。仕事の孤独に泣いている夫の背中もさすらないようでは、夫が自殺するのも致し方ないと言える。

「マザコンの男は嫌い」だと言い、男らしい人と結婚したのに、その男が弱ったり、仕事に失敗したりしたら、慰めることもしない妻。

それが日本人女性に多いのだ。欧米にももちろんセックスを拒否する女はいるが、映画『アイズワイドシャット』のように、セックスに貪欲な日本人女性はあまりいない。

女子アナやらが、ちょっと才能があるプロスポーツ選手と結婚。彼が引退したら、収入が減ったからかデブになったからか分からないが、離婚。その彼が自殺。または早世というパターンが散見されるが、有名人の世界で散見されるようなら、一般人の世界ではもっと頻発している悲劇かもしれない。

ある時期、女性と接する機会が少なかった私に、嫌な出来事が重なった。百人が聞いたら、八十人くらいが「大したことはない」という出来事かもしれない。しかし、本人には深刻な悲劇だ。

まず、最近熱中しているボルダリングで落下して腰を痛めた。なのに帰宅したら、大きな荷物が届いていた。それは私が「近所の目に触れさせたくないものだから捨ててほしい」と実家に送った荷物で、実家の父が入院していたからか、受け取られなくて戻ってきたのだ。

中身は見たくもないもの。しかも重い。なんと、腰が痛くて三階の書斎に運べないのだ。来客があるので、玄関に置いておくこともできない。中身を取り出して、少しずつ部屋に運ぶのも気が狂いそうになる。仕方ないから、なんとか車のトランクに入れた。

そのまま仕事に出かけたが、翌日の夜、たまたまガールフレンドを家の近くの駅まで送ることになって、車の中でその話をした。「すまないが、一緒にラブホに行かないか」とは言わない紳士なので、「ちょっと手を握ってくれないか」と頼んだら、「いいよ」と笑って、運転している私の手を握ってくれた。冷たい雨が降る夜の首都高。暖かい右手だった。

私は、心の中で「助かった」と呟《つぶや》いた。

私のような自由人なら、こんな奇跡的な「癒し」を美女から受けることも可能だが、家庭に縛られていて、妻に「なんで落ち込んでるからって、あんたの背中を流さないといけないんだ」とか言われたら、数日後に自殺するかもしれない。そのとき悪妻は、自分が冷たい行為をしてきたことで夫が自殺したとは思わないだろう。

一方、女性の自殺は、親の介護の苦しみや夫からのＤＶによるものが多い。精神的な苦しみと時間に縛られる苦痛での自殺が多いのだ。

次項でも書くが、離婚後、生活費を渡すのを拒否する男もいる。それでもなんとか仕事と子育てをできるのは、親が健在な女性だけで、親も病気がちだったり亡くなっていたりしたら、もう八方塞がりだ。それを察しない元旦那が悪魔とも言える。

親権を渡してきた子供はまだ小学生。元妻について少し考えれば、「あいつの父親は死んでいて、母親は体が弱かったな」と分かるものだが、次の女に夢中で、その女に散財していて、それが楽しいからどうでもよくなるのだろう。

「責任」という言葉を私は大事にしている。

とはいえ、私の体は一つしかないから、出会った女性、皆に対して責任を負うことはできない。だが、一度結婚した女性や長く付き合った女性、大事な約束をした女性に対しては、なんとか責任は果たしたいと思っているし、その準備をしておく必要があるという心構えだけは出来ている。私も人間なので、欲に負けることはあるが、無責任になるのは嫌いだ。

しかし、日本から「責任」という言葉はほとんどなくなった。「自己責任」という言葉は目立っているが、自分に対して使う言葉で、自分の尻は自分で拭《ぬぐ》いなさいという意味だ。昔愛した女が困っていても、男は自分の責任は感じず、まさに「おまえの自己責任だよ、俺と別れたんだから」という顔をすると思う。

男から、本来あるはずの大きな父性のような愛情が喪失してしまった。

原因は、日本ではバブル期から続く女たちの打算愛と、そのバブル期に恋愛をしていた親に育てられたことだ。また、学校でのいじめグループの中に女子がいることや、フェミニズムを振りかざす大人の教師が、やはり学校に大勢いるからだろう。「男に父性も男らしさも経済力も必要ありません」と大人たちが洗脳しているのも原因になっている。強い男は男尊女卑の温床と言いたいのだ。

先日、カフェで仕事をしようとしたら、ペンがないことに私は気づいた。バイトの女子学生に、「ペン、貸してもらえないかな」と言ったが、店のものがなかなか見つからず、「私のものでよければ」と、ポケットから出した自分のペンを手渡してくれた。そんな優しい女の子も、結婚して夫婦生活を続けると、ママ友と一緒に夫の悪口を言い、温泉に行っても家族風呂に一緒に入らず、夫の下着の洗濯を嫌がるようになるのだろうか、と、ふと思った。

いや、そうならない女子のほうが多いだろう。

だが、自殺大国日本は、世界から有名なほど恐れられている。

その原因は、男女の……特に夫婦のスキンシップがないからだと、私は知っている。

多くの男女の深刻な悩みを聞いてきた。その男女には恋人がいないか、妻か夫がいてもセックスレスだ。または、妊活のようなセックスを一年に数回するだけに過ぎない。

彼ら、彼女らはポケットやポーチから薬を取り出し、「これ、抗鬱剤です」と言って苦笑いをするのだった。

打算的な女、弱体化した男

本書が発売される前に上梓する女性向けの恋愛書に、「優秀な男が相手であることを前提とする」と、一貫して優秀な男と女子たちの恋愛を基本テーマにした原稿を書いた。

本書もそれと同じく、男女ともに、「苦労した人」「努力をしている人」「なぜか不運な人」が対象で、遊んでいる人、サボっている人、一発を狙って行動している人は対象外だと思ってもらいたい。

「男の収入をアテにする女」は非難されがちだが、「もう、私は限界。風俗で働くことはできないし、学歴や経歴がないからまともに就職もできない。シングルマザーで子育てもある。親がお金持ちでもない」という女性が、「なんとか経済力のある男性と恋愛をして結婚したい」と考えるのは当たり前で、何の悪徳でもない。

弱者を助ける国ではないのか。彼女のような女性は弱者なのだから、強者であるお金持ちの男が救うのが当たり前だ。

少しばかり論点がずれるが、私は若い頃から、お金持ち同士の結婚は好きではない。本が売れてお金持ちになった三十代の頃、真っ先に庶民的な女子にアプローチした。彼女は手取りが十五万円程度だった記憶がある。美容院へ行くお金にも苦労していた。

その彼女とは違い、「男の収入をアテにする女」とは、まだ若く、特に美女で、なのに「ハイスペック男子と結婚する」と意気込んでいる女子のことだ。男たちがよく食事を奢ってくれるから、節約すれば貧乏に苦しむこともない。それでも苦しいのは、その浮いたお金でブランドの鞄やかわいい洋服をすぐに買うからで、会社でもそのルックスで慕われていて、セクハラ、パワハラが氾濫《はんらん》しているから、ちょっとわがままをしても許される。

そんな結婚の目的として、最初に「お金持ちの彼氏を徹底的に支える」という言葉が口に出ることは絶対にない。高級マンションのインテリアの話や住みたい街の話、「株の配当金をもらえないかな」とか、「掃除はたまにダスキンに任せたい」という、おおよそ、社会人失格のような言葉の数々の十番目くらいに、ようやく「少しは手料理の勉強でもしようかな」と言う程度だ。

その上で、「育児は夫にも手伝ってもらわないと嫌だな」とか「浮気したら即離婚。慰謝料は全財産」と、もう、人間も失格と言っても過言ではない極楽人生を狙っている女で、そんな女と結婚した男は、若くして倒れると相場が決まっている。

すると、頭のおかしなこの国は、「男が悪い」「変な女に引っかかった男が悪い」と嗤《わら》い、仕事で疲れて帰宅した夫にお金の話ばかりする妻を責めることはない。

男たちのほうも、まだ男気があり、離婚した妻の悪口は言わないのだ。離婚した元横綱がいい例だ。

もし夫がその妻と離婚をしたくて浮気をしたら、離婚の慰謝料もがっぽりと取られて、女のほうは「しめしめ」という、よくある三流の脚本が出来上がる。

私も最近、ある女性に言われた。「奥さんがあなたの世話をしなくなったら、それはあなたが悪いの。何があっても男が悪いの」と。

だから、「そうだね。それでいいよ」と言って電話を切った。

日本は、突出して優れた男たちがいる国で、ノーベル賞も頻繁に獲得する。しかし妻に対してまったく発言力も持てないイクメンパパや、渋谷のハロウィンで暴走する若者たち、ネットで流行した政治問題や芸能人のスキャンダルに食い付く人間たちが、統計は取れないが全体の八割ほどになったと思っている。

その男たちは、何ら野心もなければ、「結婚したら共働きをしてくれる女じゃないと苦しい」と、まだ若くて苦しくないのに、力なく愚痴をこぼしている。

若くて健康で、何が苦しいのか分からない。体が動かない持病があるなら仕方ないが、それも重症でなければ「甘え」だと言いたい。

私がそうだった。中学生のときに拒食症になった。以来、好き嫌いなどないのに、四十年間、母親から「好き嫌いの多い子」と言われ続け、高校生のときに、今で言うパニック障害になって中退。映画館と新幹線、デパ地下に弱く、学歴がないからまともな仕事にも就《つ》けない。自動車工場で組み立ての労働もやっていた。

水道を止められたこともあるし、国民保険か年金のことで役所に相談に行ったら、今なら大炎上するような差別用語で罵《のの》しられた。うん、今なら、私を罵倒したその職員はクビだろう。

二十歳の中頃は親と絶縁。当時は、パニック障害に効く薬など処方すらされなくて、自分で勉強し、メンタルの訓練をし、克服した。当時の恋人とは共働きだったが、それが嫌で、最初は同棲を断ったし、結婚して妊娠したらすぐに彼女を退職させた。

五十歳のときに大病を患い入院。信じていた人たちは消え、前年度からの税金が払えず、だけど友人に「お金を貸してほしい」とは言えない性格。以前に、住宅ローンを完済した銀行もなぜかお金を貸してくれず途方に暮れていたが、「競馬でも当てるか」と楽観的でいた。

ただ、人間よりも、自然を愛する気持ちが増幅したのは確かだった。「資本主義社会は間違ってる」とか。

リハビリが終わってから、格安で運動ができるボルダリングを始めたが、年齢的に毎日が全身筋肉痛。怪我は絶えない。指がずっと腫れていて、腰が痛い。若い人たちにどんどん抜かされていく。

そのときに、私は初めて、「苦しい」「辛いことが重なっている」と、ある女子に言った。倉《くら》木《き》麻《ま》衣《い》さんの『会いたくて』という曲をある女性に贈った。

そんな私は、「共働きをしてくれる女を探そう」とは露にも思わないのだ。

しかし、まず「共働きありき」の男たちが大勢いる。

リハビリ中には、「税金を払ったら、また困っているかわいい女子を口説いて、その子のために本を書く。体を鍛え直して一緒に南の島に行くんだ」と考えていたし、決意していた。

その決意のおかげか、健康だった三十代の頃よりも腕が筋肉質になっていて、腹筋も割れてきている。手術した箇所がお腹だったからか、脂肪は付かない。ボルダリングがそういうスポーツだからかもしれない。「日本のプールなら脱げるな」という体つきになってきた。ミイラが起き上がって、復活した感じだ。

最近、「高級ホテルのプールに行ったことがない」という女性と出会った。昔から知っている女性だから再会である。かわいらしい女性だから、そんな経験は何度もしているると思ったら、「贅沢な場所は仕事でしか行ったことがない。ずっとお金がない」と言っていた。

「俺が連れて行くから、行きたいホテルを決めておいて」と彼女に言った。「部屋は別にするか、車で寝るから安心して」と。紳士的過ぎて、逆に不審がられたかもしれないが、彼女が男のお金で遊んできた女だったら、そうは言わない。

私のこの信念は「古い」？

では、はっきりと言っておく。

日本は平和に伴う進化を見せたが、個人は退化している。

皆、愛はなく、便利さとお金に振り回されている程度の低い男女が、「私たちは最先端の人間だ」と大きな大きな勘違いをしているに過ぎない。

女は、産業革命以来、いやもっと以前から打算的であると決定しているが、「庶民の少女が成り上がるため」に美貌《びぼう》を磨くという決意があった。

生きていくために、だ。

しかし、今の日本は違う。しっかりと自分の力で生きていくことができる美女も、お金持ちの男を狙って、楽に暮らそうとたくらんでいる。社会貢献などする気がないし、そんな言葉も知らないだろう。

男には、暴力を放棄する進化は見られたが、女性化し過ぎて弱体化した。

ある日、私が通勤電車に乗っていたら、男が暴れながら乗ってきた。脳に傷害があったのかもしれない。ドアを頭突きしたり、殴ったり叫んだりしていた。

怖がっているおばさんがいたから、私がそのおばさんと男の間に立って壁になった。しかし、ほかの若者やおじさんは、皆スマホを見ていて、知らんぷり。彼女を連れた若い男子もそうだった。

数駅後で、私が圧迫するように男をホームに出したが、後で息子から、「トラブルを引き寄せてるみたいだけど、やめたほうがいいよ」と言われた。「刃物を持っていないか注視していただけだし、三級クライマーがあんな男に負けるか。まさに一撃だわ」と言ったら、彼は苦笑いしていた。「一撃」とはボルダリング用語で、一発で完登することを言う。そんな「メンタルが強い男」は、暴力的という一点張りの世の中で淘汰《とうた》されてしまった。

ルソーのように、人間の社交性に価値を見出さなかった私の人生は正しかった。『「孤独」が男を変える』（フォレスト出版）という本も書いたものだ。

この時代の、特に日本の人間は、コミュニケーションを取っているようでいて、冷酷であり、コミュニケーションを重要視しているようでいて、実は嫌っている。

社交場は不平等を生むための、または不平等を狙った場所であり、そこから平等など生まれない。
私のように、「清貧な女性を養いたい」という考え方も不平等を生むが、それは養ってもらっている女性が、男の「養う代わりに俺を支えてくれよ」という言葉や姿勢に対して、「それは不平等だ。私は奴隷じゃない」と思ったらそうなるのである。月収が五十万円以上の夫に対して、主婦の妻がそれ相当の価値がある行動を示せば、男女は平等になる。私の勉強不足かもしれないが、ルソーは、お金に換算できる「女性の男性に対する行動の価値」は語っていなかったと思う。

俗な話になるが、今、「男性メンズエステ」というのが大流行している。セックスはないが、ミニスカートや下着姿の若い女子が個室で全身を使い、アロママッサージをしてくれる店だ。普通のアロママッサージと違うのがそこだ。高級ホテルにあるようなアロマセラピーのマッサージなら、その店の制服でやる。もちろん、密着などしない。風俗街や街の一角にあるその男性メンズエステは、女子の服装が際どく、密着してマッサージをするわけだ。

取材がてら行ってみたら、店の女の子たちが「来るのは疲れて寝てしまうおじさんばっかりだよ」と苦笑いしていた。結構な料金で、個室に入って二時間、三時間と延長したら五万円くらいになってしまうかもしれない。

そのお金があるなら、おじさんたちは貧乏ではないはずだ。だが、妻がマッサージをしてくれないのだろう。店の女の子は「鞄からコンビニのおにぎりを出して食べて、一晩中延長するおじさんもいる」と言っていた。

妻は夜食も作らないのかもしれない。彼らは、若い女の子にマッサージをしてもらいながら、「不平等だ」と無意識に思っているか、「打算的な女と結婚してしまった」と泣いているかもしれない。

しかし、共働きなら、その店に余計なお金を使った男が悪い。同じく仕事をしている妻に、文句を言う権利が発生する。料理を作らなくても育児を放棄しても。

本当の平等と幸せとは何か。

自分のことしか頭にない人々

「世の中にはこんな立派な研究をしている人たちがいるんだ。それに比べて自分は何をしているのか」

と、ふと思うことは大事だろう。

現実には、ただ職業が違うだけなのだから、あなたが劣っているとか立派ではないとかというわけではない。コンビニの店員がいなくなったら困るし、介護士が不足しているからフィリピン人を受け入れようとしている。皆、それぞれが社会貢献をしているのだ。

しかし、自分を奮い立たせてもらうために、優秀な科学者たちが人類のための壮大で、しかも実用できる研究をしている例をお教えしたい。

デング熱という、蚊に刺されると発熱する病気を知っていると思う。日本でも一時、アウトブレイクしかけて国が大騒ぎになった。このウイルスは、ネッタイマシカという蚊によって人間の血流に入り込み、デングウイルス熱を発症させる。それだけではなく、マラリアなどもこれら蚊によって人間に移され、二〇一二年だけでも何十万人という人が亡くなっている。殺虫剤に耐性があり、繁殖する能力が高く、駆除することもできない。

そこで科学者たちは、昆虫が持っている「ボルバキア」という細菌に着目した。この細菌は蚊の体内でデング熱を複製させないらしい。しかし、昆虫から蚊には感染しないため、科学者たちは昆虫からボルバキアの株を取りだし、数十匹の蚊に人工的に感染させ、それをオーストラリアの野に放った。数十匹の蚊が、ネッタイマシカと交尾を繰り返したら、デング熱に対する免疫を持つネッタイマシカが繁殖し、デング熱が人間に感染しないことになる。

簡単に聞こえるが、ボルバキア細菌が人間に感染しないかを確認するために、科学者たちスタッフが、蚊に刺される自己犠牲を決行している。要は、デング熱に感染しなくなっても、ボルバキア細菌を持ってしまったネッタイマシカにそれを移されたらどうなるか、という実験である。科学者チームと手を挙げた一般人数人で、研究室で自ら蚊に刺されてみる人体実験をしたのだ。

オーストラリア政府と地元の住民の了承を得て、ボルバキア細菌を持った蚊をある町に放つことが許可された。やがてデング熱は根絶できるだろう。

閑話休題。

私は若い頃、科学者などの研究者たちは、実験室にこもっているだけで、無駄な税金を使い、何をしているのかと憤《いきどお》っていた。現実に、今、問題となっているのは地震の予知である。

南海トラフの危険性ばかりを訴えて、現実に巨大地震が発生しているのは、まるで別の地域ばかり。「その的外れな地震の予知の研究のために何億円と税金を使うなら、頑丈な建造物を建てたほうがマシだ」ということだ。理に適っている。

そのうちに、南海トラフのずれによる巨大地震が起きたら、研究者たちは「よし、来た」と思うかもしれないが、その前に熊本や東北、北海道などで巨大地震が発生していて、そちらはまったく予測できていないのだ。
しかし、地震が発生する瞬間の警報は優秀だし、彼らがまったく無駄な時間を過ごしているわけではない。

ＳＴＡＰ細胞の事件のときにも頭にきたものだ。小保方晴子《おぼかたはるこ》がはめられた、という陰謀論を信じている人たちは、少し頭を冷やしたほうがいい。
先に触れたような陰謀論や都市伝説をすべて信じることはないと思うが、基本的に陰謀論、都市伝説を信じる者は、統合失調症の疑いがあると言われている。

陰謀論を信じるのは反権力主義者だったり、妄想に取り憑かれたりしている人間がほとんどだ。

小保方晴子を「はめられた女性」と思い込み、その記事を拡散する男たちは、美女が男たちに弄《もてあそ》ばれていたり、枕営業をしたりしている様子を妄想しているに過ぎない。女が拡散している場合は、反男性社会主義である。

Pessimism

科学者やまともな研究者たちは、そんな根拠のない妄想などせず、実証、臨床をもとに出来上がった事実を提示する。

さて、科学者ではないが、あなたたちのために、こんなに大変な仕事をしている人たちを紹介します。

フェイスブックの不快な投稿を削除する「モデレーター」という仕事だ。フェイスブック社が機密事項にしていたほどの過酷な職業だ。定職ではないのかもしれない。日本で言うと、福島第一原発に行き、除染をする男たちのようなものか。

皆、すぐに辞めていく。

削除対象の投稿画像、動画は、

拷問しているそれら、

レイプしているそれら、

自殺する様子のそれら、

幼児とセックスしている様子のそれら。

もちろん、人種差別の動画、テロに関する投稿、動物虐待など、ほとんどが血塗れの動画だ。

「銃で頭を撃ち抜かれる瞬間や手足を切断する動画も見てきた」

フェイスブック社に雇われた男が英国のテレビ局の取材に応じてそう証言した。フェイスブック社が取材を許したのは、「頑張ってます」という意思表示だろう。それくらいフェイスブックは世の中の悪の温床になってしまった。レミングの集団自殺のように、その動画を見た人たちが真似てしまう。

「里中はAVを見ても、AVのレイプや痴漢を実際にやる男はいないと言っているじゃないか」と反発されそうだ。稀《まれ》にはいるだろうが、AVを見た男のそのAVを見ているスマホの画面に、「いいね」が付くのか。そのAVを見ている男のフェイスブックに友達が増えるのか。映画やAVは「それをやれやれ」という空気にはあまりならないのだ。AVの真似をする男は、元々真似をするつもりなのだ。フェイスブックのそれらは、人々が知らない悪徳を教えているのである。

日本では、火山が噴火したり台風で海に高波が来たりすると、性懲りもなくスマホで撮影して、フェイスブックに投稿する人たちが後を絶たない。それは、見ている人たちが大いに反応するからだ。彼らが普段、理性がないとは思えない。きっと孤独なのだろう。

さて、そんなモデレーターたちは、その動画の削除のためにストレスで発狂するほどになる。当たり前だ。しかもそれほど高収入でもないらしい。人間の本質にある暴力性、差別主義を垣間見た感覚で、絶望すらする。それに対して、私はある一般人の摩訶《まか》不思議な意見を読んだ。

「フェイスブックは寂しい人とかの心の安息の場だし、有用だし、必要なものだから頑張ってほしい」

うろ覚えだが、もっと、自分本位な……フェイスブック依存本位な言葉を美しく語っていた。私は思わず「おまえが悪の温床じゃないのか」と叫ぶほどの声を出してしまった。自分たちがフェイスブックを楽しむために、モデレーターが発狂するほどになり、CIA並みの機密事項だから家族にも言えずに、酒と薬でなんとか凌《しの》いでいる悲惨さはどうでもよくて、自分たちの癒しのために「頑張ってほしい」ときたもんだ。

優秀な科学者にしても、ほかの辛い職業をしている人たちにしても、それとは違う仕事をしている人との差はない。どちらも立派な仕事だ。だが、それに気づかず「自分だけ良ければいいんだ」という人間は人類の犯罪の根源になっていると言ってもいいだろう。

無論、どんなビジネスでもチームを組めば、辛い仕事を回される人間が出てくる。だが、自分が遊ぶために、「辛い仕事をやってくれ」と、直截《ちょくせつ》的なそんな言葉は避けながら、それをやらせようとしている人間は、人としてどうかしている。

優秀な人とそうでない人との差は結局そこなんだ。

他人に気遣うか。自分のことしか頭にないか。

それだけだ。

※参考：『別冊日経サイエンス 人類危機 未来への扉を求めて』

矛盾の資本主義社会

本書の執筆中、スリランカで邦人を含めた二百人以上が亡くなるテロが起きた。イスラム過激派の犯行である。9・11以来、ずっと続くイスラム過激派関連のテロ事件。理由は何か。

標的はそう、資本主義社会だ。

宗教戦争だと思っていたとしたら、それは違う。表面的にはそうだが、理由が違っている。思想の違いに激怒している部分はわずかで、イスラム過激派たちが怒っているのは、「金がない」ことだ。

格差社会である。

それを作ったのが、そうアメリカなのだ。

アメリカはプロテスタントを中心としたキリスト教。カトリック教徒もいる。それらキリスト教対イスラム原理主義の宗教戦争のように見えて、繰り返すがそうではない。

「金をよこせ」

それだけだ。


フランスのノートルダム大聖堂で火災が起き、寄付金があっという間に数百億円になった。大富豪が多額の寄付をしたものだ。すると、フランスの政治活動家たちが、「人よりも先に石に金を出すのか」と怒った。

プロ市民のリーダーの女は、「富豪たちは一晩で多額のお金を捻出できることが分かった」などと皮肉を連呼。「貧しい人たちのために寄付をしろ」という顔をしていて、「私にもくれ」という劣等感やらが心の奥底にある。

涙が血になるほどの屈辱を味わい、そこから這い上がる壮絶な努力をしているわけでもないどこかのプロ市民の声を受けて、なぜ富豪たちが、見知らぬ貧困層に寄付をしないといけないのか。それが分からないのだろうか、と失笑してしまった。

資本主義社会の良いところは、誰でもお金持ちになれることだ。

もう一つ、国家間、特に大国同士は戦争しなくなる、ということもあるが、それは割愛したい。

今や若い女子なら、YouTube、インスタグラムを連携させれば色気を使って、生活費くらいは稼ぐことはできるし、上手くいけば高級車くらいは買える。インスタグラムなど美の産業の頂点のようなもので、これほどまでに若い女子たちにチャンスを与えているコンテンツはほかにない。

それでも、「色気を使うなんて時代錯誤だ。男尊女卑だ。私は知識と知性で勝負する」とか考える女子がいたら、それはもちろん問題はないが、男の天才たちと同じくらいの努力をしないと無理なことは覚悟してほしい。

一発当てた富豪でも、少し隙を見せると自殺に追い込まれる。世界同時株安のようなトラブルが起きないかを毎日注視していないといけなくて、その労力は半端なく大きい。子供と遊んで疲れて寝ているときに、財産の半分が消えていることがあるのだ。

天才にしても、ファッションデザイナーのアレキサンダー・マックイーンのように、あっという間に自死していくような男ばかりである。モーツァルト、マイケル・ジャクソン、フレディ・マーキュリー、プリンス、三島由紀夫《みしまゆきお》……。

それでも彼らは、いったんは大成功している。そして一時は快楽の世界で高笑いをしているのだ。

資本主義社会の渦中にいるあなたたちは、それをいったん目指すのがベターだ。せっかく、お金持ちになれる国にいるのだから。

日本は共産主義でも社会主義国家でもなく、民主制が始まったばかりの国でもない。

しかし、お金持ちを目指すようになっている思想、システムの国なのに、あなたがお金持ちになったら、あなたは悪に成り下がる。

平凡で人気があったあなたは学生時代の友人を失い、親戚からは陰口を叩かれる。親は金をよこせと言いだし、生命保険の受取人は誰かとうるさい。せっかくだからと税金対策に買った高級車には、十円傷が付けられて、ネットではかつての友人に「昔

Pessimism

はあいつは貧乏だった」「金を貸したことがある」などと中傷されてしまう。

これら劣等感の規模が大きくなったのが、そう、テロなのだ。

分かりやすい説明だと思う。

日本では中傷程度で済む。それでも辛いものだ。私にも経験があって、私は倒れた。

日本は仏教で、そしてやや無宗教の国だ。仏教の儀式やお祝い事は多いが、熱中する人は少ない。若者ならハロウィンのほうが大事だろうし、クリスマスに命をかける恋愛依存症の人も多い。

もし日本がプロテスタントとカトリック中心の国だったら、あなたは中傷だけでは済まなくて、イスラム過激派の標的になってしまうのだ。


「アメリカ人のようにお金を稼いで贅沢している奴は許さない」ということだ。


「アメリカの犬」とも思われる。

今のところ日本が無事な原因には、仏教中心のやや無宗教の国で、多民族国家でもなく、カトリックの儀式が少ない（復活祭を教会で大々的にやることなどがない）こと。それに成田空港が厳重に監視されていて、イスラム過激派が侵入できないことなどがある。彼らも、「少人数を殺すために、警察が優秀な島国に出向くのはリスクが高い」と当然考える。

私は日本人にはチャンスが多いと思っている。韓国の整形美女など、インスタで安易に稼いでいるはずだ。男が、YouTubeで早食いなどの頭の悪い動画で稼ぐのはどうかと思うが、都市伝説を論理的に語った動画で稼いでいる男もいるし、軽蔑されないユーチューバーもいる。すぐに飽和状態になってしまうから、十年後はもうYouTubeなどで稼ぐのは難しくなるだろうがまだチャンスはある。

誤解されては困るが、「YouTubeで稼げ」と励行しているのではなく、「チャンスが多い国だ」と言っているのだ。そのチャンスをものにしているのは美女たちだから、インスタやYouTubeを事例にして、「男にも何かありますよ」と言っているのである。漫画を描けるが、漫画家になれない人は、YouTubeで動画の漫画を作ってみてはどうか。そんな話だ。

昨今、倫理観の蔓延が迷惑だが、芸能人の不倫が楽しいのだと思う。もうすぐ飽きるような気がする。

タイガー・ウッズが、十四年ぶりにマスターズで優勝した。四十三歳。腰を悪くし、一時、歩くことも座ることもできなくなった上に、その前に不倫スキャンダルがあって、まさに中傷をずっと受けていた。

しかし名物コメンテイター張本勲《はりもといさお》氏の「タイガー・ウッズなんか不倫したやつだ。復活を騒ぐな」というコメントを、関口宏《せきぐちひろし》氏らがスルーしたように、実力があれば多少の過去は「なし」にしてもらえる時代でもあり、それが資本主義社会とも言える。

闇はほかにもたくさんあるが、最も怖いのはイスラム過激派の思想を持った人間や、身近にいる劣等感の強いお金のない人間に殺されることである。恨まれて付きまとわれることもある。

お金持ちになったときに、身近な人たちに大盤振る舞いでもしておけば、最悪の事態は回避できる。貧乏な時代に付き合っていて、セックス三昧だった元カノの銀行口座に、「あの頃は支えてくれてありがとう」とお金を入れておけば、逆リベンジポルノも防げる。

「そんなにお金を配っていたら、いくら年収が数千万円になっても、すぐになくなってしまう」と思った読者は多いだろう。だから私はずっと言っているのだ。

「お金持ちになりたければ、仲間を作るな。群れるな」と。

超合理化によって蔓延する鬱病

あなたは合理化の利便性に歓喜している。

大小関わらず、ＩＴ企業の社長やネットビジネスのカリスマやらがそれを励行し、アナログはバカだと言い放つ。あなたはそれに大きくうなずき、彼らをカリスマと呼ぶ。その男が下品だろうが、お金持ちだったら偉くて、それを真似てＳＮＳを頑張る。

そして、あなたは鬱だ。

違うか。

では、発達障害の疑いがあるか、不安症か、慢性頭痛か、軽い失語症か、引きこもりか、まあ、色々ある心の病だ。

月曜日になると憂鬱になるとしたら、おやおや、こんなに便利なノートパソコンがあって、アップルの製品がデスクにあって、とってもビジネスがしやすいと豪語しているのに、なぜ憂鬱なのか。

パワハラがある？

パワハラされる前に仕事を終わらせることができるくらい、合理的にやってるのではないのか。スタバの中でもビジネスができるのに、何がパワハラなんだ。隣の学生がうるさいのか。それは町のケンカだ。

「キャッシュレスの時代。現金を持っているなんてバカ」と知人が言っていた。

外国人観光客にはいいだろう。

先日、表参道のある駐車場に入ったら、精算機が現金のみだった。一緒にいた友人も私もカード派で、たまたま現金が不足していて、真っ青になったものだ。そのストレスは半端ない。しかも魔の十連休の最中。「ATMから現金が出せるのだろうか。みずほのATMが現金不足になったってニュースで言っていたぞ」と、表参道の交差点の横に、どんと構えたみずほ銀行を見ながら、呆然としていた。

少しは現金も持ってないといけない？

「現金を持っているなんてもう時代遅れ」と、ネットの若者たちは言ってるじゃないか。それを励行しているカリスマたちを絶賛しているあなたたちだ。PayPay や Suica で駐車場から出られるなら文句はない。それに、老舗の郷土料理の店や手作りのパン屋さんで「現金のみです」と言われて、激高するのか。カリスマたちはきっとこう言うだろう。「俺を誰だと思ってるんだ」と。

ただの食い逃げですよ。

本当にある話で、ブラックカードが使えなくて、店でケンカをするお金持ちがいるが、それは「食い逃げ」である。なのにネットの中の若者たちは、彼らのことが大好きだ。

序文で、俗な話が好きな一部の読者が食いつくように、ふざけた話をした。申し訳ない。

鬱病は、便利なモノが増えてきてから生まれた病気だ。

神経科学、心理学の分野で研究、実証されている話だ。

電子レンジや全自動洗濯機が出来てから、主婦の鬱が増えた。ボタン一つで何もかもやってくれる。その結果、脳を使った運動量が低下。例えば、冷凍食品をレンジでチンして喜びを脳が感じるか。食材を揃えて、一生懸命食べたい料理を作り、それが完成したときの喜びのほうが断然、脳を活発化させる。

パソコンやスマホでの仕事も同様だ。速く終われば、時間が出来て喜びは感じるかもしれない。しかし、調べものに対する感覚は麻痺していて、「ググれば見つかって当たり前」となってしまった。逆に、見つからなかったときにどうしていいのか分からず、ストレスは増していく。

デジタル機器によって仕事が速くなっているというのは錯覚である。実はそうではなく、アップデートに時間がかかったり、スマホやパソコンは故障すると丸一日が潰れたりしてしまう。慣れない新品を買うと二日か三日は効率が下がる場合もある。最悪、大事なデータが破損。バックアップしていたはずが見つからない。

ある米国テレビドラマで面白いシーンがあった。悪党の元諜報員が、自分のデータをすべて消して、自分をこの世から抹消したつもりが、紙の履歴書がどこからか見つかってしまい、捕まってしまうのだ。「デジタルに頼り過ぎたな」と正義の味方に皮肉を言われて終わりである。

私のパソコンも、完璧にキーボードを押していないと、急に「回復待ち」とか「強制シャットダウン」になってしまう。それを待っている間に時間を食われてしまって、ふと、「手で書いたほうが速いのではないか」と思った。しかし、今は編集者が自宅やホテルに原稿を取りに来る時代ではない。私が共有ソフトを使わないことを困っているほどだ。

そして、一人でいた場合、あなたたちは必ず空いた時間に、スマホでSNSを開く。

孤独恐怖症だ。

よく街を見てほしい。老人でもなければ、レジに並んでいる間にスマホを見る。一秒たりとも逃さずに、スマホを開く。見ているのはただのニュースかもしれないが、SNSの「いいね」の数を確認しているか、自分が「いいね」を付けないといけない強迫観念に苛《さいな》まれていて、友人知人、有名人が投稿した記事の中身も見ないで、「いいね」ボタンを押し続ける。

時には、車の中や行楽地での恋人とのデートの最中でもスマホを開いて、親しい人を無視することがある。まったく見ず知らずの有名人や著名人、遠くの友人をスマホで見て、近くの恋人を無視する時間が出てきた。その病的な行動はやがて離縁の原因となる。

車の運転をしているまともな男が、「スマホを見るな。俺は運転してるんだぞ」と彼女を叱ると、平成育ちのその女は目を釣り上げて、反抗する。「ごめんなさい」とは言わないのだ。気分障害になっているのかもしれない。

スマホを使えない環境に置かれたり、忙殺されてスマホが使えなかったりするときに、あなたは「孤独」を感じて鬱を発症する。

なんと隣に恋人や妻、夫がいてもだ。私が勝手に持論を語っているのではない。米英の有名大学の教授らが研究している問題だ。

しかし、私はそれをよく体験していて、得意の観察力で分かっていた。車の運転が好きな私は、彼女を助手席に乗せたときに、彼女がスマホをいじる理由を考えていた。

すでに付き合いがマンネリ化していて、私のことを退屈な男だと思っていたのならそれは理解できる。しかし、付き合い始めたばかりや初めてのデートでも彼女たちはスマホを見ている。もちろん、ずっとではない。会話が途切れたときなどだ。

「スマホで何を見てるの？」

ＳＮＳじゃなければいいなと思い聞いてみる。

「インスタ。友達が投稿しているから」

「友達は熊本の被災者かなんかか」

「え？　違うよ。また難しいことを言う」

「強い皮肉を言われたことがないか、強く叱られたことがないから、俺が悪役になった。いいか、俺が長時間運転している。一応、彼氏だ。隣にいる人を見ているのが人として当たり前で、そんなことをしていたら、心の病になるぞ」

「ならないよ」

「いろんな種類の目薬と、夜勤のために飲みまくる睡眠薬。男みたいにリポビタンＤを毎日飲んでいて、大麻が合法になっている国に行って遊びたいと言っているおまえのどこが正常なんだ。まずはコミュニケーションをしっかり取れる昔の人間に戻れ。車の運転は結構自動の部分が増えたが、まだアナログだ。ドイツ車のナビは精度が悪い。次にどこを曲がるのか一緒に道を見ていてほしい」

滑舌が悪いから実際にはこんなにすらすら話してはいないが、大まかにこんなやり取りがあって、そしてその女は怒って帰ってしまう。

彼女が自分の部屋に戻ると、枕元にスマホを置いて寝るだろう。私がやらない行動だ。私は、スマホをなるべく遠くに置いて、手を届かなくする。脳に悪影響が出ないように、機内モードにするほどだ。時には寝る前にトイレに置いてくる。

寝ているときに孤独は感じないはずなのに、枕元にスマホを置く人が多いだろう。寝る直前か起きた瞬間にSNSをチェックするためで、それをしないと朝から「孤独」になってしまうのだ。

もはや、先進国の奇病と言っても過言ではない。

「それらと切り離す新しい遊びや新しいソフトを開発する企業が、次の時代の主流になるかもしれない」
うろ覚えだが、どこかの有名大学の社会学者が語っていた。

「昔の人間」と言ったら、背筋をぞくっとさせるのがあなたたちだが、超便利製品が少ない国の人たちが、鬱病をどんどん発症させている統計データはない。アフリカの奥地の国などにいる人たちは昔ながらの生活をしている。女性が、男にレイプされてＰＴＳＤになったというようなことはあるが、朝になったら憂鬱になって体が動かないなんてことはない。

まとめると、まずは、

親しい人と一緒にいるときにスマホをチェックしても、それは喜びでも何でもない。

なのにそれをする。結果、脳は死んでいく。彼氏や彼女に一声かけて、その言葉に喜んでもらったほうが嬉しいはずなのに、なぜかスマホを優先してしまう人たち。
それらを励行したのは、「超合理化」を絶賛したネットビジネスのカリスマたちと、ゲームソフトなどを提供している大企業。アップル、グーグル、アマゾンなどである。アマゾンは買い物する行動力を人々から奪い、それで意気揚々だ。段ボール箱にDVDが一枚だけ入っていて、ゴミが増えてしまう。ようやくそれに気づいたのが「ミニマリスト」たちである。

次に、あなたたちは、

ノートパソコン、iPadなどのタブレットがあれば何でもできると思っている。

それに依存すると、アナログしかない場所でとてつもないストレスを感じてしまう。アナログがまだまだ多いから、あなたはすでに軽い鬱病に罹《かか》っていると言っているのだ。
財布を忘れて出かけても真っ青にならないのに、スマホを忘れたら右往左往して、まるで迷ったお子様になってしまう。三十歳を過ぎても四十歳を過ぎても、判断力、洞察力に優れた男にもならない。誰かに尋ねれば目的地に行けるのに、対人恐怖症で話しかけられない。グーグルマップがないと歩けない。では、圏外に入ってしまったらどうするのか。

そして、なぜかスマホは二年ほどで壊れる。壊れたときに、大事なビジネスの商談があったらあなたは自殺するかもしれない。

アナログでも失敗はたくさんある。大事な書類をゴミ箱に捨ててしまったとする。しかし、一瞬では消えない。シュレッダーにかけない限りは一瞬では消えないのだ。デジタルはバックアップがしっかりしていないと一瞬で消えてしまう。

「消えないし、すぐに見つかる」

「すぐ」とはどれくらいの速さか。

そして一人でやるのか皆でやるのか。

一人でやっているときに、パソコンがデータを探したり、復旧作業をしたりしているその瞬間に、あなたはスマホを開いて、ＳＮＳを見る。隣にいる人には決して声をかけない。

それでもあなたが「優秀」ならいいのかもしれない。だが、将来の行き先はバリ島やハワイや欧州の観光地ではなく、心療内科だ。

百人中百人が同じことを言う国

「ダーウィンの進化論は嘘だった」というYouTubeの動画を見た。

期待して見た。

私も猿から原人、新人へと進化した過程に疑問を持っている。持っているが、誰も解明はできていない。だから期待して見た。どこかのユーチューバーが解明できるはずもないが、何か、俺の知らないネタが出てくるのではないか、と。

それはもちろん、「もしかしたらこうではないか」と、科学的根拠が少し見つかった理論を、科学者が示しているものだ。ところが、「モヘンジョダロの遺跡を知っていますか」という話で終わった。

「疲れ目を押して見たのに、モヘンジョダロか。俺が中学生の頃の雑誌にも載っていた」

人類は一度核戦争で滅んだ、というネタだ。モヘンジョダロの遺跡の発掘で焼け焦げた遺体やガラスが出てきた。超高温で加熱しないと、つまり大型の電子レンジでもなければ出来ない遺骨や遺跡だ。または核爆発である。

しかもその動画、答えもない。進化の過程、つまり空白の八千年の間に、人類が滅んでいたとして、じゃあ、人類の祖先は何なのか。それも示していないのだ。神々の神話の話に繋げて宇宙からやって来たとでも説明していたほうが、まだ楽しい。それすらもないのだ。

だが、視聴回数はかなりのもので、「この程度のネタを流し続けて金儲けができるのか」と、呆れてしまった。それくらい、知識や雑学がない人が多くて、昔から百人中百人が言ってきた、都市伝説のような話に耳を傾けるのだろう。

百人中百人が言ってきたこと。

言葉以外にもそうした現象はある。仮に「普遍的に人気があるもの」とすると、男の場合は、女性の美しい肢体や美しい景色の動画、格闘技やスポーツの名勝負。女性はやはり美しく調理された料理や「かわいい」と思わず声に出る動物の動画などで、大半が、本能に起因する喜びを感じるものなのだ。

一方で、雑学や知識について、何度も何度も同じことを聞かされると、それを知っている人はうんざりする。しかし、「いい加減にしてほしい。その話は耳にタコができるほど聞いた」と怒る人が少ない。

そのうんざりするくだらない雑学に反論する知識がないからだ。

簡単な事例を二つ挙げる。

「日本に比べてフィンランドは社会保障が良い。デンマークもそうだし、スウェーデンは男女平等。とても素晴らしい国々で、日本は時代遅れだ」

よく聞くでしょう。

まず、これら北欧の国と日本の人口を比較してほしい。日本は小さな島国に約一億二千万人。民主主義の国として世界一上手くいっていると言われているフィンランドは、人口が五百数十万人に過ぎない。ここまで差がある国を比較して、自国の批判をされてはかなわない。

　デンマーク、スウェーデンも同様だ。男女平等が素晴らしく、セックスフリー、ジェンダーフリーに積極的なスウェーデン。しかしその必要性をまだ職場で訴えていることからわかるように、そのイデオロギーは完成すらしていない。強姦率が高いが現実には強姦は少なく、それだけ豊かで男女平等を掲げていたら当たり前だが、なぜ強姦率が高いのかというと、セクハラを続けたら強姦罪になるからである。裏を返せば、まるで男女平等の国に出来上がっていないことになる。

　そして犯罪率は、日本よりも上記三カ国のほうが高い。社会保障が優れているのに犯罪率が高いのは、別の悪しき問題が潜んでいるからで、そもそも人口が極端に少ないのに国家が犯罪を止められないのはいただけない。

　もちろん、部分的には日本よりも豊かな面があって、そこは評価するが、「日本よりも優れている」と絶賛するほどではない。

「女は男よりも強い。長生きするのは女」

　居酒屋で話している女がいるが、本当に頭がおかしいと思っている。

女性が男性社会に進出し、トラックの運転もするようになったら、女の寿命も男と変わらなくなる。

以上だ。

ほかに説明する必要もない。ジェンダー問題になると論理破綻をする高学歴の女もいるくらいだから、居酒屋にいる女のその話など何ら根拠はない。

野外で、無茶なことをしているのは男たちで、その事故や事故の後遺症、無理な飲酒、過激な運動などもほとんどが男の愚行的な得意技だった。飲酒、喫煙をする女性が増えてきたから、もう、癌になる女性も増えてきたし、会社に勤めるようになったせいか自殺率も上がっている。

え？　そんな統計はない？

ない。

実は女性の自殺率は下がっている。しかし、私も作家のはしくれだから、それなりに勉強している。管理職やちょっと責任感が伴う仕事をしている女性の自殺率は、上がっているのだ。

私も論理破綻していると言われてもいいが、単純に考えても、女性ドライバーが増えたら事故に遭う確率は上がるし、渋滞時にトイレを我慢して膀胱や尿道の病気になる確率も上がるかもしれない。渋滞のストレスなど男たちが一身に背負っているようなもので、帰宅後、あのストレスを癒されなければかなり寿命を縮めているだろう。
道路工事に女性が参入するようになったら、熱中症で亡くなることもあるし、男のような過激なスポーツに熱中している女性が長生きするとは思えない。怪我のリスクは高まるし、強くなるために肉ばかりを食べるようになる。つまり食事が偏る。
それらに対して、管理職になる前に寿退社する女性や、肉体労働や危険な仕事を避ける女性たちが、「女は、男よりも長生きするから強い」と言う。これが男なら、そう、平社員で有給休暇をいっぱい取って、率先して辛い仕事も避ける男が、有給が取れずに疲れを見せる管理職の上司に「あんた、体、弱いな」と言っているようなもので、殴られても文句は言えない。

くだらない話だから、もうやめよう。

百人中百人が語っている話が楽しいも楽しくないも、とにかく勉強不足が災いして、

低俗な会話に時間を取られる人生になってしまっている。

他国のことは分からないが、日本で繰り返し放送される倫理の問題もそう。

「不倫はいけない」

分かった。ではなぜ、皆、不倫をやめないのか。そこを考えて、不倫が発生する心理でもワイドショーで一年間、討論してほしいものだ。

私はそこには関わらない。

「結婚があるから不倫がある」

それだけのことだ。

結婚後、ほかの異性とセックスをすることが倫理に反しない国も時代もあった。ただ、今の日本がうるさいだけに過ぎない。

効率悪化のデジタル社会

あくまでも個人でノートパソコンやスマホ、その他のデジタル機器でビジネスをしている人たちは、どこかで、「何か効率が悪いな」と首を傾げたことはないだろうか。

以前、ノートパソコンが故障した。

すぐに新しいものを買うお金はあるが、まだ使えそうで自分で修理。半年後にまた故障。観念して新しいのを買うが、運悪くすぐに故障。返品保障はあったが、その間、約二日間の間に重要な仕事があって、それをキャンセルした。

また故障はしなくても、途中で急にビジーになってしまって再起動。「アップデートを開始します」と表示されて、それがなかなか終わらない。たった一つのソフトがパソコンに入っているわけではなく、様々なソフトがアップデートを促す。

Pessimism

何かのサイトに登録したら最後。迷惑メール、スパムメールが殺到。まとめて削除したら重要なビジネスのメールも削除してしまって、大損害。

先日も、アマゾンがアマゾンプライムの値上げを実施した。それに乗じて、アマゾンを名乗ったスパムメールが私のフォルダに何度も何度も入ってきた。「本物のアマゾンか偽物か」。来るたびに数分悩んだが、プライムを無視してすべて削除している。

スマホは落とすたびに故障。これも最新のものを買っても、壊れていることが多々ある。また店に行かなければならず、在庫がなければ待たなければいけない。

アカウントを作る際に情報はだだ漏れで、どこかでその個人情報が漏れているのが分かってびっくりしてしまう。数年後という場合が多い。SNS上で、急に、自分の電話番号から「友達になりました」なんてことがある。

もちろん、迷惑メールも多い。「あなたのメルアドが駅のトイレに落書きされていた。消してあげるよ」というメールが毎日届く。仕方ないからまたメルアドを変えると、古い友人や親から「連絡が取れなくなった」と叱られる。昔なら引越し先を教えないことなんかほとんどなかったが、今はメルアドや電話番号を教えないことが多いのだ。何度も何度も変えるからだ。

パスワードもそう。「同じパスワードは使わないでください」と表記されるから、五種類くらい使っているが、どれにどのパスワードを使ったかわからなくなり、何度も何度も入力することになる。「メモしておけ」と言われるが、スマホのメモ帳にパスワードをメモしたら、やはりだだ漏れ。結局、紙の手帳に書くのが一番安全なのだ。

ほかにも、何か問い合わせをしようとしても、電話番号を隠しているサイトがいっぱいある。有名な企業でも。「よくある質問を見てください」と。こちらとしては、「よくある質問じゃないから困ってるんだよ」と憤慨しているが、問い合わせ先の電話番号はいくらリンクを押しても出てこない。三十分くらいしてようやく探し当てたら、「ただ今の時間は大変混雑しています」とアナウンスされる始末。

ネット銀行はとても便利だ。だが、私の知人が大きなトラブルに遭った。振り込みをしようとしたら、違う端末からだったから、「ワンタイムキーを入力してください」と表示された。そのワンタイムキーの転送先の端末が手元になかったのだ。

そう、ワンタイムキーの入力は不可能で、振り込みができないのである。慌ててそのネット銀行に電話したが、「ワンタイムキーの変更は書類でお願いします」と急にアナログになる体たらく。

ビデオカメラがWi-Fiに繋がるはずが、なぜか繋がらなくて、原因を確認しようとしても、やはり「ネット上のマニュアルを読んでください」と一切、電話は受け付けない。ヤフー知恵袋がトップに出てきてしまうから、読むと、「故障でしょ。あきらめてください」としか書いてない。時間の無駄遣いばかりを繰り返す生活に陥っている。

格好付けて新幹線の中で仕事をしようと思ったら、「充電ができる座席は満席です」と始発駅で言われてしまう。バッテリーが切れて東京から大阪まで仕事ができなくなるかもしれないから、焦って羽田空港に行こうと空席情報を見たら、その時間帯はすべて満席。または、台風などで運航停止。

ほかに、「このアカウントはすでに登録されています」と出てきて大事なチケットを買えなかったり、ネットのコンテンツを解約したはずなのに、解約されていなかったりする。やはり電話が繋がらなくて、解約に要した時間は延べ七時間。おまけに電話代金はこちら持ち。

何かのネットビジネスで小遣いを稼いだとしても、視力低下や極度の肩凝りで薬を買ったり、鍼灸に通ったりして、結局赤字。まるで恋愛をするのが面倒臭い男子が、風俗に行ったら性病を移されて帰ってきたようなものだ。

皆、紙の本が邪魔だからと、電子書籍で読んでいて肩凝りがひどくなっていることに気づいているのだろうか。ようやく、アマゾンのでかい箱の異常性には気づきだしたようだが、あれこそ、断捨離、便利と喚《わめ》いている人たちの本末転倒の買い物だった。

ある優秀な人が言った。

「LINEでやり取りして結論が出るまで三時間。電話だったら五分だった」

それでも皆、LINEに執着する。兎と亀の寓話と同じことだ。昔の人は分かっているな。

ある個人の二人が、アナログ、デジタル、両方でできるビジネスを同時に始めたとして、二十年後には、アナログが先にゴールしているだろう。

もしかすると十年後にはゴールしているかもしれない。

あくまでも個人だ。企業にいたら、パソコンが壊れても、別の人のもので対処できるし、修理をする部署が迅速に対応する。それも大きめの会社の話で、個人事業に近いような規模だったら、倒産や自己破産に繋がる。

それがデジタル社会である。

勝ち組、負け組という言葉は嫌いだが、あなたが勝ち組になるのは一瞬で、勝ち組はその機器やソフトを売っているアップルやグーグルなのである。

暴力が好きな人類

人間の暴力の歴史は悲惨だ。
旧約聖書に記されたカインとアベルの最初の殺人から、幾度となくジェノサイドや一方的な処刑を繰り返し、帝国ができると大戦になっていた。
ところが、第二次世界大戦の後はベトナム戦争などしかなく、死者の数は減少。9・11以来、テロは増えているが、戦争はほとんどなく、殺人、レイプ、DVも大きく減った。

しかし、人間という悪魔が暴力を大好きなことは否めない。

ハリウッド映画は、殺人がないとヒットしないほどで、正義の味方は悪党を殺してもかまわない。残酷に殺しても、観客はスカッとするのか、脚本が良ければ大ヒットする。

私もブルーレイを持っているが『イコライザー』がその代表格だと思っている。デンゼル・ワシントンの名演。悪を倒して真面目な友人・知人たちを救う。全世界の人たちが待ち焦がれた作品だったとも言える。名セリフもあるし、敵を残酷に殺した後、「すまない」と悲しげに、デンゼル・ワシントン演じる主人公が呟く。亡き妻に謝ったのかもしれない。

「それは映画だからで、現実には暴力は嫌いだ」と思ったあなた。ではなぜ、死者や再起不能の選手が続出する格闘技は人気があって、なくならないのか。しかもその対策を取らないばかりか、過激になっていく一方だ。

私は少年時代にあの名作『あしたのジョー』を読んでいて、「パンチドランカー」という病名を知った。殴られ過ぎて、頭がおかしくなる病気だ。「なんでそんなことになるスポーツがさかんなのだろう」と、子供だったのに首を傾げた。ボクシングの視聴率も高くて、「顔ばかり殴っていて危ないよ」と私は言っていた。漫画の世界だけじゃなくて、現実にもやっているんだ、と。

ただ、ボクシングのように顔ばかり殴っているスポーツは嫌いだったが、男の子らしく、プロレスは好きだった。体の色々な箇所を攻めているし、場外に逃げたりして時々休んでいたから、安心して見られた。

ところが、近年になってプロレスの事故死が多発している。再起不能の大怪我を含めると、相当の選手がその事故に遭っている。

やはり、それから見なくなった。三沢光晴《みさわみつはる》選手がリング上で亡くなってから見なくなったのだ。

昔のプロレスは技が単純だった。弱かったわけではない。受け身が取りやすい技が多くて、自分自身の動きも受け身を取りながらの技になっていた。ところが近年、派手に見せる技が急増。頭から落とす荒技が、しかも試合開始直後に出てくるようになった。ウルトラマンが、変身してすぐにスペシウム光線を発射するようなものだ。

そんな派手な荒技を二十分以上続けて、受け身が取れなくなるくらい疲労するのだろう。リング内外で、多くの選手が早世、または歩けなくなるほどの大怪我を負っている。それをファンたちが止める気配はない。署名を集め、「垂直落下式の技は禁止にしてください」なんてことにはならない。

「バックドロップは三回続けて食らったら、その時点でTKO負け」のルールにすればいいのだ。かつて、アントニオ猪木が異種格闘技戦でウィレム・ルスカに使った古典的な投げ技で、今でも通用するのだ。名手が使えば、一撃で3カウントも可能だ。

ルスカは、猪木のバックドロップ三連発で半ば失神していて、タオルがセコンドから投げ込まれた。うろ覚えだが、猪木が、「もう一度投げたら死ぬぞ」と口にしたらしい。その「もう一度投げたら」を今のプロレスではやっているのだ。

大技で自分自身が足をすべらせて大怪我をする、昔ならあり得ない事故もある。海外では、試合中に心筋梗塞で亡くなったりする事例もある。胸をさかんに攻める上にシングルマッチで時間がかかれば心筋梗塞も起こすだろう。メキシコの試合だったらしいが、メキシコ人もプロレスが大好きだ。

「ショー」だと思って見ているとしても、ショーでこんなに事故死が多くては闘牛と戦う闘牛士と同じだ。あちらは動物愛護の観点からなくなりつつあるが、人間への愛護は相変わらず皆無。

自己責任なのだろうが、論点が変わってしまうので割愛したい。

私が言いたいのは、どうして人間は暴力を好むのかだ。プロレスは女子にも人気がある。

女子にも人気がある、という言葉にヒントがある。

結局、人は、「強い男」が好きなのだ。

男も女も。さらにその強い男が「善人」であれば最良で、多少悪人でも結果的に勝者になれば善に変わることもある。戦争がそうだ。

あるカップルがいたとしよう。彼氏はとても優しい男だ。彼女はその彼氏に惚れている。

ある日、二人の部屋に強盗が突然入ってきた。彼氏は彼女を助ける術もなく、ただ、泣いているか震えているだけで、彼女は暴行された上にお金も取られてしまった。強

Pessimism

盗は武器を持っていたわけでもなくて、金に困った酔っぱらいのおっさんだった。コンビニや住宅に強盗に入る奴はその程度だ。日本で拳銃など持っている奴は滅多にいない。

その彼女は、自分を救うことができなかった彼氏とそのまま付き合い続けるだろうか。彼氏がある程度頑張ったならいいが、何もできなかったのだ。過激なスポーツもケンカもしたことがなかった彼氏は、それを言い訳にするが、彼女は別れた後、強い男を探すだろう。

ケンカが弱くても、敵と刺し違えて、彼女を助ける勇敢な男もいる。助けるのに失敗しても、彼女は泣きながら倒れた彼氏を抱きしめるだろう。闘牛士が、闘牛と刺し違えるように戦うのが、その人気の秘密だと思っていた。私見だ。

プロレスや格闘技が、女子にも人気になってきたのは、イケメン選手が増えてきたからかもしれないが、彼女たちはリング上で事故に遭う選手たちを直に見ても、恐怖で冷めないのだろうか。

男たちは仕方ない。暴力が大好きなのだから。ある人類史の学者が言った。「女性が全世界の首長になれば戦争はなくなる」と。

私はそうは思わない。皇帝ネロの母親のような女もいたし、サッチャーのような女もいた。そもそも、世界的な人気スポーツであるサッカーの乱闘で、泣き出すサポーターの女子などほとんどいない。

映画やゲームの中の殺人はなくならない。猟奇的な描写も多い。それを「映画だから」「ゲームだから」と、皆言っているが、私のように『イコライザー』の殺人シーンにうんざりする人は少ないのか。

何やら、道徳的な自慢になってしまっているが、私の中にも「死ななければよい」という無意識の暴力愛がある。

昔、プロレスが大好きだったのもそうだ。女性がセックスのときに、「叩いてほしい」と言えば、加減をして叩くし、それは楽しい。単純にそれをサディストと言われるなら、マゾヒストとの割合の統計を取って、サディストが世界の人たちの七割を占めているとでも明かさないと、人間の暴力好きに説明が付かなくなる。

イエスの十字架のあの痛々しい姿や各宗教の修行の様子から、マゾヒストに似た人々のほうが多いと推測しているが、現実にはサディストが活躍する世界（映画も含め）が人気なのである。

そう、答えは恐らくこうだ。


マゾヒストが世界中の人たちの中の多数派、サディストが少数派で、人々はその少数派を求めているのである。


少数派といっても、英雄のように強いからだ。英雄のように強いが、試合では格下の選手もボコボコにしてしまう。それを見て、観客はスカッとする。

人間が、暴力を好むのはサディストが多いからではなく、逆だ。マゾヒストが多いのだった。男女、それぞれ潜在意識の中に。

男は、権力と腕力を持った男に従うのが快楽で、女は同じく力強い男に抱かれるのが夢なのだ。セックスが下手なのはどうかと思うが、弱々しいよりはすべてが強いほうがマシだろう。

「筋トレしていても、もてないけど」と思った男もいるだろう。俗な話でまとめると、筋トレはわりと体をコミカルにしてしまうからだと思っている。コントに使われることも多いし、体は筋骨隆々でも爽やかな男子が多く、バランスが悪い。それでは女性の本能は反応しない。

　この時代を気持ちよく生き抜くためには、男は心が強く、それなりに腕力もあることが絶対条件のようだ。

才能の開花を邪魔する環境

才能が開花することが、イコール「お金持ちになること」ではない。

あなたたちはお金持ちになりたくて必死だが、ＩＱの低い人がお金持ちになることもできる。犯罪スレスレの行為でお金持ちになることもできるし、わざと下品な振舞いを繰り返していても、お金持ちになれる人もいる。

例えば、不美人の女子が顔を映さない動画を作った。下半身はいつも超ショートパンツかミニスカで、その足を見せながらかわいい猫や愛犬と遊んでいる様子だ。仮にそれがYouTubeで大ヒットしていたとして、それを才能があるとは思わない。

ただし、健康美を持って生まれた才能と仮定したら、「その健康美を利用したことが才能」と言えるから、まあまあ才能はあるのかもしれない。しかし、名誉やリスペクトを得られるほどのことではない。

お金は、もちろん私も含め、誰でも欲しいものだが、一緒に「名誉」が付いてこないと、大半の人間は堕落するか危ない目に遭ってしまう。

「君には才能がない。仕事もできない」と言われたとして、それを言ったその人間はキリストなのか仏陀《ぶつだ》なのかということだ。あまり気にしないことだ。

だが、会う人会う人に「駄目な人間」と言われ続けたら、まずは自分の環境に着目してほしい。

住んでいる家。または地域。

一緒にいる人。

熱中している趣味。

やっている仕事。

家の中にあるモノ。

これらが、すべて自分に適したものだったら、あなたの才能はあっという間に開花する。


ビートルズのポール・マッカートニーは、子供の頃、家にピアノがあった。兄弟で映画監督という人もいる。リドリー・スコットとトニー・スコットの兄弟がそう。

よく都会に憧れて失敗し、都《みやこ》落ちをする人がいるが、地元に帰ったら快適で、そこでの商売が成功する場合がある。成功というと、自己啓発を読んでいる地に足が付かない人たちは、「それ年収何千万円なのか」と反発してくるが、精神科に行ってほしいほど心を病んでいるから、本書も読まないでほしい。

話を戻すと、都会の暮らしに失敗して、実家の農園を引き継いだら、それが先代よりも上手くいって、地元の人たちも喜んでくれた。そのことが、まずは、環境によって才能が開花したという事例だ。

あなたが劣悪な環境にいたとしよう。隣の学生寮からセックスの声が毎晩聞こえてくる。

実は私が二十二歳の時のアパートがそうだった。隣の部屋の学生が、毎晩男女の学生を連れてきて、酒を飲んでは騒いでいた。乱交になっていたのかセックスの声も聞こえた。その雑音に苦しんでいた私が、物書きや写真家だったのかと言うと、ただ、「なんて苦しい生活なんだ」と頭を抱えていただけで、日々の生活もままならなかった。

管理人も態度が悪く、学生たちを注意するように頼んだ私が気に入らなかったのか、二ヵ月ほどで退出するときに敷金を一斉返さないどころか、余分に支払うように難詰してきて、差別的な言葉をさかんに投げつける始末。

中学時代からずっとそんな人生だったから、「日本人で普通に生きているのに、俺の何が悪いのか」と苦悩していた。まあ、結局、若いのに口が達者だったのと、貧乏だったからなのだが、私の場合は、「お金持ちになりたい」よりも「早く才能を開花させたい」と思っていた若者だった。

お金は才能に付いてくる。

という考え方がずっとあって、それは中学生のときに将棋士を目指したことがあったからだろう。トップ棋士になると、高級なホテルや旅館でタイトル戦の対局をしていて、それなりにお金も持っていた。将棋は今ほどブームではなかったから、大金持ちではなかったと思うが、彼らは才能だけで勝負していて、それにお金は付いてきていたのだ。そして「先生」と呼ばれ、名誉も得ていた。

私がひたすら目指していたのはそんな生き方だった。

私はその後、なんとか郊外のアパートに引越しをして、そのアパートではご近所トラブルがなかったせいか、ようやく落ち着くことができ、仕事も「夢を持っている若者を採用します」という会社を見つけて、そこから飛躍していった。

次に、一緒にいる人だ。

親、子供、恋人、妻、夫、兄弟……。

どんな人間でも、不快な言葉や行為を突き付けてくる相手と一緒に住んでいて、才能が開花することはない。すでに才能が開花している人だったら、その才能が枯渇していくか、仕事の能率が下がってしまう。

「毒親」という言葉は嫌いだが、その親から離れることができずに、ずっと燻《くすぶ》っているとしても、それを他人がどうすることもできないんだ。自分でその親から離れないといけない。

ストレスを与えるばかりの恋人や妻、夫に執着してもいけないし、無職でいる兄弟の代わりに、あなたが働く必要も本当はない。もちろん、あなたが心身ともに頑丈で、無職の兄弟のために働いても平気だったらそれで問題ないが、疲れてしまっていては一度きりの人生がもったいないことになってしまう。

私に言わせると、自己犠牲の精神は、愛する恋人か子供だけに捧げるものだ。

親はさっさと観念してほしいし、兄弟は歳が近いのだから、自立してほしいものだ。子供は一人では何もできないから、例えばシングルマザーの女性は自己犠牲をして、子育てをしないといけない。それでも、自分が疲れてしまったら、子供を世話してくれる誰かを見つけて、数時間の快楽や快適を得ないといけないのだ。日本にはなぜナイトシッターが少ないのか。

そして、その数時間の快楽を得ながら、シングルマザーとして生きている女性は実は才能があって、恐らくそれはセックスの才能だろう。

どうあがいても、子供が幼稚園や小学校に行っている短時間に、多くのお金を稼ぐことは難しい。株やＦＸの変動の激しさを見れば、子供がいてギャンブル的な行動には出られない。

しかし、セックスは数時間でできて、相手の男がお金を出してくれたり（彼氏のこと。売春的なセックスは楽しくない）、子育てに協力してくれたりすれば、彼女たちは快楽と快適を得られる。妊娠することは避けて、元の夫とは似ていない優しい男性を見つけて、それを目指してほしい。

熱中している趣味が、あなたの才能開花の枷《かせ》になっていることもある。

総じて、時間のかかる趣味で、筋トレのように健康になるわけでもなく、お金ばかりがなくなっていく趣味だ。同じく環境が悪い家に住んでいたとして、引っ越さないといけないのに、そのお金も趣味に使ってしまう。

私が、ずっと「趣味を持っていると成功しない」と言っているのは、才能が開花していない人に対しての話で、すでに才能が開花している人間が趣味に興じても何ら問題はないのだ。とはいえ、私でさえも、最近熱中しているボルダリングを「やり過ぎた。自重しよう」と思い、平成から令和に変わったあの十連休に二回しか行かなかった。ほかの日は仕事をしていた。ゴルフが一回。

趣味がそのままビジネスになる人もいる。私の場合も、一瞬、趣味の写真と競馬がビジネスになったことがあった。私のやり方が悪かったのだと思うが、楽し過ぎて失敗したものだ。

私にとって趣味ではなく、「仕事にしたい」と考えていた文筆業が結果的に三十年続いている。それなりに楽しくて、辛いのは目が疲れることとくらいで、「才能もある」と、たまに言われる。

やっている仕事が合わない人も多い。

ブラック企業にいる人もいるし、語学が堪能なのにそれとは関係ない職場にいる人もいるし、ルックス抜群の美女が、その美貌を生かさずに貧乏でいることもある。

これらは、やはり友人や恋人に相談する機会が少ない人に多く、アドバイスを受けない人も多い。その友人や恋人を尊敬していないからアドバイスを受けないのかもしれないが、だったら、別の友人や恋人を作らないといけない。一番親しい人の合意があれば何をしてもいいのだ。

分かるだろうか。

本当は東南アジアに行ってビジネスをやりたい。ところが恋人か親友が、「そんなに遠くに行くなよ。治安も悪いぞ」と言うから、ブラック的な会社から逃れられない。

本当は風俗で働いてもいいと思っている美女がいたとする。ところが、彼氏や親友の女子が、「汚れる」とか言って止める。

だが、汚れるかどうかは本人の考え方次第だし、「風俗でバイトをしてもいいよ」という男もいる。そもそも、汚れる前に過労死してしまうから、「ちょっとキャバクラでバイトをしたい」と彼女は言ってるのだ。キャバクラも労働だが、人気にならなければ休んでいる時間にYouTubeの動画を見ていることもできる。

道徳的過ぎる人が周囲にいると、思い切った行動に出られずにずっと燻ってしまうことが多い。

それにも注意してほしい。

何しろ、日本人だから。

日本人は変わったことをしようとする友人を、それはそれは熱心に止めようとする。才能を開花させるのに、とても迷惑だ。

家の中にあるモノでは、当然スマホ、テレビ、タブレットなどが害悪だ。これらを鬱病の人が手放せないというのは有名な話だ。また、ゴミのような箱類やもう着ない服など、目に入るとストレスになるモノが多いと、才能は開花しづらい。

なに生きやすい

mism

第二部

この世界はこん

Opti

失敗、怒り、悲しみで人生は逆転する

ある日、私はストレスと空腹でフラフラしながらドラッグストアに行った。子供の頃から、なぜか人に裏切られたり、差別されたりしてばかり。大人の今も変わらない。ちなみに「李生」という名はペンネームで、在日でもない。

お酒を断っている私の嗜好品は栄養ドリンクで、なんとかドラッグストアにたどり着いた私は、確かアリナミンVを持ってレジに並んだ。

最近はドラッグストアでも並ぶ箇所を床に表示している。ところがお爺さん、といっても六十歳くらいの人が割りこんできた。床の表示を知らなかったのと、私に気づかなかったのだろうが、レジのお姉さんが困ってしまって、「あちらのお客様が先なんです」と私をちらりと見て言った。お爺さんはボケてはいないようだが、天真爛漫な笑顔で「え、なんで。俺、ここにいたのに」とか言っているから、私が、「どう

Pessimism

ぞ」と、割り込んだお爺さんを先にレジに行かせた。というかお爺さんはレジの前に急に立ったのだ。

十連休の翌日だった。

目が痛くなるのを抑える薬が切れていて、それは耐えられたがなぜか頭痛も発症し、食事は喉を通らない。ずっと寝込んでいて、やっと起きてドラッグストアにたどり着いた私は、手に持っている冷えたドリンク剤を早く飲みたかった。しかし、お爺さんは、店員とトイレットペーパーの種類のことで雑談を始めた。立っているのがやっとだった私は、「どうしてこんなに俺は人が良いんだろうか」と苦笑いしながら、動悸《どうき》のする胸をさすっていた。

中学生の頃に、私は大阪のある学校でひどい目に遭っていた。東京のほうから転入してきたために大阪弁が話せない上、大阪の子供たちは東京が大嫌い。走り幅跳びで大きく飛んでしまうと、「もう一回」と言われて、飛ぶ直前に砂が飛んできて目に入ってしまう。もちろん自然に飛んできたりはしない。教師はそれを見て見ぬふり。「スポーツができてしまうと、格好良いから邪魔をされるのか。じゃあ、文化系だ」

Optimism

私は写真部に入って、カメラを始めた。そう、大人になってから役に立ったのだ。カメラマンとして働いていた時期がある。

中学生のときにバイトの肩代わりをさせられたことがあった。友人だと思っていたクラスメイトに誘われて、バイト先に行ったら彼はいない。「おまえが代わりの奴やな」と、どっさりと新聞紙を持たされた。早朝の汚い街。野良犬がまだいる時代。「仕方ない。小学生のときに野良犬に噛まれたことがある。今度はやっつけよう。土佐犬みたいな犬でもなければ、人間のほうが強いはずだ」

獰猛《どうもう》な野良犬が怖くなくなった。

大人になってから、恋人と熊野古道《くまのこどう》がある古座《こざ》という町に行き、山の奥の奥まで入っていった。「日本狼を見つけてやる」と。

ところが見つかったのは熊だ。風向きと逆に草木が揺れ、足元に熊の足跡がしっかりとあり、川に入っていく影が見えた。

「おまえは先に逃げろ」

恋人を先に行かせて、熊がこちらに来ないように立っていた。怖くなかった。野良犬と比べ物にならないほど熊のほうが強いが、「人間の脳のほうが強い。刺し違えてやる」という迫力を私は見せていた。熊はこちらには来なくて、彼女が離れたのを見て、私も山道を降りた（というか道なんかないような場所）。

そう、私は子供の頃から失敗を成功に結び付けるよう努力していたのだ。

ポジティブなのかもしれない。負けず嫌いなのかもしれない。

少年のとき、拒食症になってしまった私は、身長が百七十四センチなのに体重が四十六キロで止まってしまった。昭和は痩せている男も小顔も女子から不人気だったから、私は身軽さを生かして、格闘技の飛び蹴りの練習をずっとしていた。その練習が、五十歳を過ぎて始めたボルダリングに役立っている。「ランジ」というジャンプする課題が私は一番得意なのである。

高校になると、心臓神経症という奇病を発症し高校は中退。電車にすら乗れない。東京に一人で出てきて、地下鉄に乗っていたら、もう動悸や貧血で立っていられなくて、よく千代田線の北千住駅で降りていた。

私は職場に行くために、駅のトイレの中でカッターナイフを取り出し、それを膝に軽く刺していた。自傷行為ではない。「仕方ないな」ということだ。自分で自分をビンタしても駄目なときはそれしかなかった。すると、心臓の痛みは膝に移動して、心臓が楽になって貧血もなくなる。

「これは心筋梗塞じゃなくて、子供の頃からのストレス」

とため息をついて、だけど、自分が自分のお医者さんであることに笑いが止まらなかった。実はその当時、病院に行っていなかった。私の病気に効く薬はあったらしいが内科の医師はそれを知らなかったし、医師から、「甘えんな」と言われるだけだったからだ。ステレオタイプの医師ばかりの時代だったのだ。数年ずれていたら、私は戸塚ヨットスクールに入れられていたかもしれない。
※編集部注：「戸塚ヨットスクール」は、当初、航海技術を教える学校だったが、スパルタ式と呼ばれる独自の指導が情緒障害などに効果があるとブームが起こる。しかしその訓練中に生徒が死亡したり行方不明になったりする事件が起きた。

結婚してから、私は家族の病気を瞬時に見抜ける能力を持っていることが分かった。猫の病気も見抜いた。体温計が見つからないときは脈拍で判断し、息子が骨折しているかしていないかも、インフルエンザかそうじゃないかも。

病院に行くべきか行くべきではないか……。応急処置が得意になっていた。自分を応急処置していたからだ。実はケンカに巻き込まれることが多く、鈍器を持った暴走族を相手に戦ったこともある。格闘技の技で投げたら、奴らは怒って刃物を持って私を殺そうとした。

ケンカはいつも、痩せている私の財布を狙ったものや、目付きが悪いといったくだらない理由からで、私から誰かに因縁をつけたことはない。その経験は「人間にはなんて大きな知能指数の差があるんだ。これが知性があるかないかなのか」と悟らせて、人類学の勉強にも向かわせた。

子供の頃から美しい少女の絵画や写真、夏目雅子《なつめまさこ》さんのような女優が大好きな私は、そのオーラを出していたのだろう。店のおばさんが唐突にケンカを売ってきて、当時の恋人が呆然としていたのをよく覚えている。

「知っている人？　あなた、何かしたの？」

「知らない。初めて入った店だよ」

宅配便の箱をガムテープで止めておいて出しに行ったら、その店のおばさんが、ガムテープをはがし、「紐にして。紐、結べないでしょ。若い男は」と言うのだ。またまた当時の彼女が、「何か言ったの？」と仰天。「いや、初めて入った店だよ」。

すっかりおばさん嫌いになった私は、「なぜ、女は女を捨てるのか」と改めて勉強を始めた。澁澤龍彦《しぶさわたつひこ》ですでに知っていたことだし、世界中のゲイ（当時はホモと言っていた）が、女が嫌いでゲイになることを知っていたし、私は無類の美少女好きだった。当時は。今は実は三十代女性の色気も好きなのだが、私がおばさんたちの歳を越したからだろう。

「良かった。危うくホモになるところだった。美少女が好きでよかった」

ルノワールの絵画や彼女の下着姿を見ては、安堵していたものだ。宮沢《みやざわ》りえさんのオールヌードが大ヒットした頃だった。まだ、美少女が好きでも軽蔑はされなかったのだ。

当日の私は競馬で生計を立てられるほど馬券が得意で、付き合っていた彼女がいた会社を辞めて、競馬をしながら小説を書いたり、写真を撮ったりしていた。そのときに飼っていた猫を交通事故で死なせてしまい、私は少し頭がおかしくなった。

少年時代から、様々な挫折、絶望を味わってきた。だが、愛猫リリーの突然の事故死は、「俺が外を散歩させて死なせてしまった」という自責の念もあり、私は血まみれの愛猫を抱きながら、まさに死ぬほど泣いた。一年くらい拒食気味になり、車で潰れた愛猫の体を洗ったアパートの風呂には入れない。体が臭くなったら、彼女とラブホに行く。食欲が出ても肉は食べない。ヴィーガンのようになったのだ。ますます痩せていき、体力もなくなった私は、過労とストレスで倒れた。入院である。まさに、倒れた。

冒頭のドラッグストアの話だが、「私は、リリーが死んだときほどではない」と思って立っていた。

実は、リリーが死んでから、私はまともに泣いたことがほとんどない。わざと涙を見せたことや映画に感動して泣きそうになったことはあるが、泣きたいのに涙が出ないのだ。ところが、マイケル・ジャクソンが亡くなって、彼の歌をカラオケで歌っていたときに涙が流れてきた。恋人が見ていて、びっくりしていた。

不慮の死、不当な死、事故死、いじめられた挙句の死。それらが私の脳内にあるリリーの潰れた頭を思い出させるのだ。


毎日のように、子供が車の暴走運転で殺されていく。それを放置しているこの国。

「悲しくて見ていられない。日本から出て行くのがベターだ」

私はそう答えを出している。

車の運転免許を取得する試験に一回合格すれば、後はずっと免許を更新していればいい。そのときに事故の怖いビデオを見るだけなのだ。


私の逆転の発想、逆転の人生は、怒り、哀しみ、不当を無駄にしないことだった。

「彼らの死を無駄にしない」と言って、国は何をしているのか。阪神淡路大震災、東日本大震災、熊本地震……。何回、彼ら彼女らの死を目の当たりにしても、ブロック塀を強化しないじゃないか。

それで大阪では少女が亡くなった。

夏の熱中症の死亡事故もそう。「想定外の猛暑だった」と言う。最高気温五十度まで想定していてもらいたいものだ。

私なら想定する。

ある温泉地に女性と行った。銃声が聞こえた。「猪か鹿を狩ってるんだね」と彼女は言った。私はすぐに「旅館に戻るぞ」と、彼女の手を引いて速足で歩いた。

「なんで？」

「あんな下手くそな奴ら、毎年何回、人間を誤って撃ってるか知ってるか。今年はまだ誤って撃たれた人がいない。確率的には俺たちがそれになる」

愛猫が交通事故で死ぬ。その確率はどれくらいだろうか。これまでに六匹の猫を飼ってきたが、六匹目が家から脱走したときに、息子に、「覚悟しておけ。道で死んでいる確率が高い」と言った。その確率は外れたが、リリーが死んだときに、「次の猫もそうなる運命はあるのだろうか。家に閉じ込めておくしかないのか。そうか。家を大きくすればいいのか」とまさに、苦悩するほど考えた。

私は「常に想定する」という男に変わった。

先に頭がおかしくなったと書いたのは、そういうことだ。何もかも想定して歩いている私のことを「達観している」「慎重過ぎる」「消極的」という人が増えてきた。だが私だって人間。完璧ではない。想定し、逆転の発想ばかりしている疲れた私が好むのは、私を自動で守ってくれる高級ホテル。そこに美女を連れて行き、お金を使ってしまうのだ。また最新型のベンツのようなドイツ車も、私を守ってくれる頑丈な「男」だ。私は高級性と女性の美に依存している。

目の痛みのストレスが、それらで簡単に治るのだ。

その逆転の発想はない。美女をやめてゲイになることはない。アナルセックスは天国に行けるほど気持ちいいらしいので、ストレスが辛い男には勧めるが、私は女性が好きだ。ゲイにはなれない。

社会に怒っている暇はない

あなたに一般の人とは違う趣味嗜好、そして悪癖があったとしよう。いや、悪癖ではないかもしれない。とても楽しい趣味で、それを楽しむための商品が街に売っている。なのに、それを買うと軽蔑される。特殊な店だけではなく、コンビニにも売っているかもしれない。国民の皆が入る店で売っている商品を買って軽蔑されるなんて、そんなバカげた矛盾はない。百貨店に行けば、男性が買ったら変な目で見られる商品、女性が買ったら、「女らしくないな」と思われる商品がいっぱいある。

私はファッションフェチで、女子のゴルフウェアだったら、一日見ていても厭《あ》きない。しかし、その趣味はマイノリティとは言われなく、だが、女性たちに言うと軽蔑される。オタクと言われている人たちもそうだが、SMセックスが好きだとしても、

Optimism

マイノリティとして擁護されるわけでなく、逆に軽蔑されるだけだ。

擁護されるマイノリティと擁護されないマイノリティがある。

またまた、偽善社会という話だ。分かるだろうか。あなたの友人が、あるマイノリティで、国や自治体から援助されているとして、あなたも援助が必要なくらいのマイノリティでも、ある「理由」があると援助も擁護もされない。軽蔑され、結婚もできず、孤独に死んでいく。

その理由とは何か。

「普通に就職、できるでしょ」ということだ。

「マイノリティ」という言葉に対して、世界共通概念はない。単純に「少数派」と訳した場合、ある国で、「少数派を狙った選挙をする」と、それほど少数ではない集団を指して言う場合もある。彼らはきっと普通に仕事ができず、不当な手当てしか受けられないから、政治家が選挙の票集めに利用するのだろう。

日本では、

●性同一性障害の人たち（あるいは同性愛者）
●被差別部落の人たち
●アイヌの人たち

が、よくマイノリティと言われている少数派だが、「アイヌ」と書いただけでこの原稿が駄目になるくらい神経質になるマスメディアもある。「在日」も差別用語で、少数派の人たちを侮蔑《ぶべつ》した言葉とされている。在日韓国人、在日朝鮮人という意味で「在日」と詰《なじ》ることは、在日の芸能人に対してネット右翼が頻繁にやっている。

それに関わってはいけない。

まず、私のアドバイスはこうだ。


目の前にいないマイノリティの人に関わってはいけない。

この私の言葉で「レイシストだ」と喚く人がいたら、その人はマイノリティなのだろう。冷静になってほしい。私が正しいことを教える。

私は、偽善的な活動はしないだけだ。もし、私が九州に住んでいたら、北海道に住んでいる見ず知らずのアイヌの人を気にかける必要はなく、専門家でもないからアイヌの歴史を研究する必要もなく、ネットを使って彼らの話を発言する必要もない。

それを「レイシスト」というなら、マイノリティの人たちに対して「関与しない人」はすべてレイシストで、自分の家族や仕事もほったらかして、マイノリティの人たちのために走り回っていたり、ネットで活動したりしている人たちが正義になってしまう。

しかし、その活動は、マイノリティではない身近な人たちに迷惑をかけるという本末転倒の行動になっているものがほとんどだ。

私はそれを避けるために、偽悪な言葉を仕方なく作っている、真の正義を語る男に過ぎない。

部落の血を持っている人は多いと思う。

あなたの彼女が部落出身だとしたら、そこで真剣に向き合えばいいのだ。わざわざ、部落のある町や村に出かけて話を聞いたりする人は、それこそ作家や映画監督と、政治家、活動家だけだ。

「政治家が部落と癒着していたらどうするのか」だって？

あなたはそんなに疲れたいのか。もっと楽しく生きたほうがいい。どうでもいいではないか。日本を揺るがすほどの問題ではない。戦闘機のF－35が青森県沖に墜落して見つからないほうが大問題だ（執筆時）。


話を少しばかり専門的にすると、そもそもマイノリティの解釈とは、歴史上、不当に差別を受けてきた人たちを指す。今の時代では給料が低くなったり、就職が困難になったりする人たちのことであって、少数の人たちがマイノリティというわけではないのだ。

すでに、歴史上の屈辱からは脱しているが、実は「女性」もマイノリティだったと言える。

「女性は今でも不当な差別を受けている」と、一部の女たちが言いそうだが、これほど各所で優遇されていて、美の産業がさかんなのだ。女性が管理職になれない職場にいるというなら、それはその女性が不器用なだけで、管理職になれる職場に行けばいいのだし、自分に管理職になれるほどの能力があると思うなら起業すればいい。男たちもそうしているのだから。

出版社の男が編集長になれなければ、フリーの編集者になって実績を作り、その後、有名人や有名作家の本の編集をして、名誉を得る。それが出版界によくある話で、男女は関係ない。

「関わってはいけません」

私はある男に注意されたことがある。レストランの料理長だ。ある被差別地域を訪れようと思う、と話したときだった。

「実は僕は作家です」

「そうだったんですか。でも危険ですよ」

彼は神妙な面持ちで言った。

「黙ってそこにいるだけでもよそ者として嫌がられる。ましてや話を聞こうものなら半殺しにされる。その前に、家畜の生き血を飲めとか脅される。儀式を受けるように言われるし、実際に見えない何かがいて、体調が悪くなる。警察はいないし、いても犯罪に関わらない」

「殺人にも？」

「殺されないですよ、多分。半殺しになった男がそれを訴えることもできない。怖いからね。あなたも本に書けない。皆、良い人ですよ。過去を掘り起こそうとして、関わろうと余計な活動をするから怒るんです。そっとしておけばいいんだ」

まったく、その通りだった。

「市場《いちば》さんでしたっけ？」

料理長は私の本名を口にした。

「病気をして痩せたから体重を増やすのに必死だと言っていたじゃないですか。余計に痩せるような活動をしてどうするんですか」

料理長はその人たちが住んでいる地域の野菜を調理していた。彼は黙ってその土地に出向き、買ってくるだけである。

その料理長は、「女とは付き合わない。セックスもしない。ゲイでもないです」というマイノリティ的な生活をしていた。楽しく生きるために、女と余計なことはしない。それだけだと言っていた。

私も、まだ若いのに、激ヤセという、ある意味マイノリティな肉体になってしまった。「もう里中は死ぬんだ」と思われているのか、仕事も激減した。YouTubeで美女と話したり、ボルダリングをしている様子をインスタに載せたりしていなければ、完全に見捨てられていたと言ってもいいだろう。

激ヤセした理由の本を書いたり、講演をしたりする不幸ビジネスもしたくない。元のスーツが似合うスリムな肉体に戻すのが、私の一番楽しくなることであり、優先順位のトップになるのだ。なのに、ある少数民族が住んでいる村に取材に行くような行動は愚の骨頂。

しかも、彼らも嫌がっているのだ。

偽善者が嫌いな私が、まるで偽善的な行動を取ろうと思ってしまった。経験値を上げたくて、静かに暮らしている人たちの聖地に行き、そこを汚そうとしてしまった。

私が嫌っている世界の改良家たち、リベラル一辺倒のフェミニストたちが、もし正しいことをわずかにしているとしたら、「山奥の奥の奥までは行かない」、それだけだろう。だが、それはきっととても正しい考え方だ。

この社会には、まだまだ矛盾した道徳、倫理や法律がたくさんある。

あなたにもし、マイノリティな一面があったら、まずはそれを改善するか、そのマイノリティで楽しめる人生に変えたほうがいいのだ。

私が今言っているマイノリティとは、歴史上、不遇だった人たちを指すマイノリティではない。マイノリティの定義が曖昧《あいまい》だから説明するが、例えば、あなたの絶対にやめられない趣味が、中高生のアイドル女子と握手するためにイベントに通うことだとする。それは一般的に（軽くだが）軽蔑されることだから、改善させるか、同じその趣味を持つ友人を作り、半永久的に楽しむか、どちらかを選択しないといけない。

または、「隠れて遊べ」である。このことについては以前の著作を読んでほしい。（『大人の男は隠れて遊べ』〈総合法令出版〉）。

まともに働けないのに、優遇されていない人たちもいる。親の介護が大変な人や、シングルマザーの女性などだ。それほど国は躍起《やっき》になって助けようとしない。選挙とはあまり関係ないからだ。

この偽善社会に対して怒っている暇は、私たちにはない。

ただ、あなたの目の前に苦しんでいる人が現われたら、手を差し伸べるのが正義であり、真の優しさだ。

そのときのために、男たちは力を蓄える必要もある。自分とは無関係な遠くの国の問題までネットで調べているなら、目の前の好きな人のために、成功者になり、その後にその気になる問題に取り組めばいい。

成功すれば、大金が入り、あなたはあなたのマイノリティでも遊べる。

お金が欲しいなら優秀な男と結婚しろ

昨日も私のインスタグラムに、知らない女から、「友達になってください。LINEのIDはこれだよ」というメッセージがきた。

「必死だな」と笑って、削除する。美貌と若さを生かしてネットビジネスをやっているが、仮想通貨への勧誘も自己啓発やお金儲けの教材を売る手法も飽和状態。美女がやったところで、数百人も集客できない上に、彼女のその行為、過去は消えない。

彼女たちは一人でそれをやっていることはほとんどなく、男が背後に潜んでいる。潜んでいるなんて大げさなものではなく、小物がウロウロしているだけだ。しかし小物とはいえ、詐欺師と似ている連中だから、その交際があった過去は彼女たちの大きな傷になる。

もし、彼女たちが風俗嬢を軽蔑していたとして、本人も同じようなものだ。男をパトロンのように背後に置きたいなら、もう少し歴史のあるビジネスがあるが、そこに履歴書を出すほどの自信はないのかもしれない。

平成という「フリーセックス」と「強い女」の時代に惑わされた女たちは、正直、疲れ切ってしまった。

誰が自力でお金持ちになったのか。男の協力がなく、成功した女性など数えるほどしかいない。

昭和の時代から、成功した男たちが必ず「妻のおかげ」と言うが、成功した女たちが「夫のおかげ」と滅多に言わないのは、慢心しているのか、「男に勝った」と思っているかだろう。その女の夫は不憫《ふびん》だと思う。

「お金を自力で稼ぐこと」と「男に負けないこと」ばかりに気を取られ、時間も使い、結果、「輝く私」も残らないのだ。

大塚家具の娘が、父親のその会社を乗っ取ったときに、「憧れる！」「すごい！」と絶賛していた女たちがフェイスブックで散見された。いまや、その父親と和解したいくらいにあの娘は疲弊しているように見えるが、そんなことはどうでもよくて、彼女を「すごい女性、憧れる」と絶賛していた女は、何を絶賛したのか。

そう、男や父親に勝ったことを絶賛したのだ。

もはや狂気の精神としか言えないほどフェミニズムに洗脳されてしまっている。

男女は助け合うものだ。

それは恋人や夫婦同士ではなくても同じこと。ネット上で、大塚家具の彼女が父親に勝った、男社会に勝ったとか、そんなニュアンスの言葉を作っている女が誰を愛することができるのか。私には分からないが、相当な数がいるだろう。

私の知り合い女性にもいる。「男に負けない」という態度の人が。

ある男が彼女のことで、「あの子、今のところは無事でいるから慢心しているけど、病気とかしたらどうするのかな」と神妙に言っていた。男の余裕というか、金持ちケンカせずというやつか。

詳しくは知らないが、彼女はずっと無事是名馬《ぶじこれめいば》のように仕事をこなし、その間に、怪我や病気や家族の不幸があって休んだ男子社員を追い抜いたらしい。もっとも、才能があるから追い抜けたのだし、健康も才能だからそれは認めるが、そこで調子に乗って、「私よりも駄目なあんたたちは話しかけるな」という態度に変わったらしい。

もし、彼女が女性特有の病気に罹ったらどうなるのか。助けてくれる男、声をかけてくれる男はいるのか。病気になって男たちに追い抜かれたら、「病気になったから」と言い訳をするのか。

男たちは、その本質から、いや習慣からか、友人のライバルや敵の男が復活してくるのを待っている。

西部劇のガンマンたちでさえも、「正々堂々と戦う」と早撃ちの決闘を希望した。知っていると思うが、戦争で毒ガスや細菌兵器が禁止なのは、「卑怯」だからである。

少年時代に、私は『ルパン三世』を見ていてあるシーンに首を傾げていた。次元大介《じげんだいすけ》を殺しにきた殺し屋が、飲み屋にいる次元に決闘をするように告げる。そのときの次元はまるで丸腰のように酒を飲んでいて、子供だった私は「そんなに殺したいならここで撃てばいいのに」と不思議に思った。しかし、決闘の場所と時刻を告げて殺し屋は店から出た。腕が鈍ったおまえを、やる気がないおまえを待ってやる、ということだ。

女性は、男性に対してもこの感覚を持たない。早く出し抜いて、相手の優位に立つか勝ちたいと思っている。もちろん元々そうだったのではなく、「世の中は男性社会、男は女を隷従《れいじゅう》させてきた憎むべき存在」とフェミニズムが教え込んだからだ。

確かに、女性に厳しく乱暴だったことを我々男たちは反省しないといけなくて、だが、その反省期間は終わっている。これ以上反省するためには、性犯罪をゼロにするほかないくらいに反省したのだ。それは人類史の社会学者たちが証明している。

そこで女性たちが、「男性は十分に反省したから、仲良くしよう」となったら良かったが、「女の下につけ」という態度に徹し始めた。本末転倒で、男女平等ではなく、女尊男卑に転換しようとしているのだ。

序説が長いが、そんな「男に負けない。弱った男を出し抜いてやる」という女が、更年期障害や女性特有の病気になったり、ビジネスで大きなミスを犯したりしたときに、まず同性の女子たちは助けないだろう。

だが、彼女たちに軽蔑されていた男たちは手を差し伸べる。

男の本質論になるが、男は戦いに対しては器が大きいのだ。恋愛に対しては小さいが。

「里中さんの言う通りだった。私は私を嫌いだった男の人に助けてもらった。彼は私に軽蔑されているのを知っていたはずなのに、私が体調を崩して休んでいる間に仕事を代わりにやってくれていた。そう、彼は元々仕事ができる人だった。確か、親の介護に疲労していたんだ」

と、十年くらいしたら、私に言ってくる女性が出てくるはずだ。いつものワンパターンである。

「里中さんの言う通りだった。もっと若い頃にミニスカートをはいておけばよかった。三十五歳になってミニスカートで街を歩く勇気がない」

「里中さんの言う通りだった。本も読まない男と結婚して、すぐに子供を作ったら貧乏になって、ＤＶを受けて離婚した」

「里中さんの言う通りだった。セックスが弱い彼は浮気はしなかったけど、違う形でストレスをぶつけてきた。毎日、怒鳴っていた。そして貪欲でもなくてお金も稼がなかった。アイドルの写真集を見てる里中さんのほうがよかった」

おい、最後の一言は余計だぞ、というオチだ。


では過激な表題を解説したい。

優秀な男でも、どこかで疲れるし、才能が一瞬萎《しぼ》む。そのときに恋人が優しければまた復活するが、冷たかったらモーツァルトのようになってしまう。モーツァルトの妻はひどい浪費癖で有名である。

優秀な男にはお金を稼ぐ能力がある。

男性社会が完全に終わるのを待っていたら、あなたはお婆さんになるか死んでいる。あのスウェーデンでさえまだまだ男性社会なのを、日本の女子たちは知らない。

あなたたち女性が年収一千万円以上を目指しているとしたら、それを彼氏に稼いでもらえばいいじゃないか。

結婚したらあなたのものだ。財産も生命保険の受取人もあなただ。違うのか。彼氏の年収が増えれば増えるほど、贅沢な生活もできる。それを目指しているのではないか。彼氏を支えていればそこには愛も存在している。幸せということだ。

あなたの女性の肉体は、あなたが老婆ではない限りは、ずっと彼の仕事の起爆剤になるのだ。疲れを取ってくれるのである。その美しい乳房、白い肌、笑顔、優しくやわらかい手。成功を持続させている私の知り合いや友人の成功者たちは、例外なく、女性のスキンシップに救われている。恋人や妻を失ったときには高級ソープやデリヘルだ。美人妻がずっといる男は、その妻がサボっていない限りは安定して収入を確保している。

ネットであるお金持ちの有名人を批判している人たちを見かけた。妻は若くて美しいが、二番目の妻である。略奪愛で嫌われているようだが、それは置いておいて、その四十歳ほどの後妻の美しさ、色気は、誰がどう見ても、「夫とセックスをしている」と分かるのだ。

その嫌われているお金持ちの夫は活動的に動いていて、持続する成功を収めている。妻は専業主婦のようなもので、優雅に暮らしているだろう。「私も働きたい。輝きたい」なんてことは言ってないと思う。十分、気楽に暮らしているのだし、辛いビジネスの世界に戻る気はないだろう。

優秀な男の疲れとストレスを癒すために、ソープ嬢やAV女優の芝居のようなセックスをずっとしていればいいのだ。恋人や夫婦なのだから、愛があって、本物のソープ嬢になってしまうことはない。

彼のストレスを解消した後には、彼のお金で大好きな映画のブルーレイを勝手に買っても、欲しかったハンドバッグをおねだりしても怒られないし、ゲームをして遊んだり、子供の話をしたりしているのも楽しいものだ。セックスが終わったら、男は酔いが冷めるように道徳的になるから、子供の話や愛猫、愛犬の話にも乗ってくれる。

彼が出張しているときは、男たちが苦手なアフタヌーンティーを高級ホテルで満喫。パークハイアットやリッツカールトンに行ったら、「いかにも」という若い奥様たちが友達と紅茶を飲んでいる。

子供が二人以上いたら難しい側面もあるが、それも貧乏で出来の悪い男との暮らしだったら、まさに監禁生活のようなものになってしまう。だが、優秀でお金がある程度ある男とのその生活は、託児所やベビーシッターを使えるし、親御さんもその夫の仕事を尊重して、子供を積極的に預かってくれる。親は、娘のあなたが離婚することを避けたいから、子供を預かることで夫婦の時間をくれるのだ。

もし、あなたたち女子の生活がこのように華やかになったとしたら、友達の女はこう言うだろう。

「オーガニックの野菜を買ってお金持ちを気取ってるけど、あんた、旦那のセックスの奴隷みたいなもんよ。子供を産んだだけで、何にもできないじゃない」

それは妬《ねた》み、僻《ひが》みだ。

ここでは女性向けに書いたが、本書は男性向けの本かもしれない。そう、男性諸君は、セックス、スキンシップで癒してくれる女と結婚しないといけない。

技術の進歩を歓迎する

先日、ある田舎町のボルダリングジムにふらっと入り、すぐに出てきた。すぐと言っても、一通りの課題を登ったが、「これは怪我をする」と判断して、店長は良い人だったが一時間ほどでジムから出た。

ボルダリング歴が長い友人にメールで説明したら、「昔はそんなジムばかりだった」と言った。そのジムには、新しく購入したホールドはほとんどなく、セッティングも粗い。ムーブというボルダリングの技を使っても、掴む石が粗悪だったり、今は使っていないような売れなくなったホールドなのか、痛くて掴めなかったりする。都会のジムで三級を登れる私が、五級すらも登れない。

気力をなくしてしまったからだが、よく見ると、スリムな細マッチョになるはずのボルダリングなのに、地元のそのジムに通っている男たちは筋骨隆々で、まるで筋トレのジムにいるようだった。女子はいなかったが、たまたまか。セッティングが粗く、ホールドも力任せに掴まないとすべってしまったり、足場も悪かったりするから、上半身の筋肉が盛り上がっているのだと思った。

「足場が悪い」なんて、私がよく行くジムの小学生の男の子も使う言葉だ。有名プロがセッティングした課題でも、ホールドがたくさんのクライマーに踏まれることで一カ月ほどで削れてきて、「あれは足場が悪いですね。早く替えてほしいです」と、将来オリンピックに出られそうな少年が言うのだ。「滑るから危ないです」という意味だ。その田舎のジムの壁の低い位置のホールドは、すべて「足場が悪かった」。


前置きが長くなったが、私は昭和を絶賛している男ではない。YouTubeの動画でもそれを主張している。

例えば、車。

車の運転が趣味で、車に人生を救われた私は、車の安全技術の進歩を絶賛している。息子が小学生の頃に、「おまえが免許を取る頃には全自動になっていればいいな」と、よく言っていた。「猫を跳ねたくない」という猫好きの親子は、その話で盛り上がったものだ。
そう、集団登下校の児童の列やコンビニに突っ込む車がなくなれば、不運にも殺されてしまう人が激減する。こんなに嬉しい技術の進歩はなく、「自動で車線変更したり、ブレーキを踏まなくても止まったりするなんて面白くない」と口にする一部の自動車ジャーナリストや車好きなど、まさに昭和のステレオタイプとも言える。そんな記事を読んでいて、「おまえが運転中に脳卒中を起こしても、車が止めてくれるのは嫌なのか」と、よく失笑してしまった。

技術の進歩で特に必要、重要なものは、自分や他人を傷つけない機械、道具類。

当たり前だが、外科手術のロボットなども疲れた医師を補助するのに役立つ。ただ、医療技術の場合、それも本当に大事だが、薬の進歩のほうが大事だ。医師の仕事がなくなるのが怖いのか、ペニシリン以来大革命的な薬は現場まではなかなか出てこない。一部で良い臨床結果が出ても、世界中に広まらないのだ。

さて、話がまた自己啓発から逸れてしまうから、リアルな例題を言う。

スポーツや安全、健康に対して、昭和のタイプとは関わるな。

もし、男が昭和のタイプのそれらと関わる、または模範にするべきことがあったら、セックスくらい。セックスは健康法の一部である。しかしそのセックスも、今の時代は晒してはいけない。模範にしてもいいが、隠れてやるべきだ。

「武勇伝」という古い言葉があるが、それをSNSに晒しては駄目なのだ。昭和なら絶賛。女性からも、「すごい男の人。私も抱かれたい」と思ってもらえる部分があったが、今は中傷、批判されて終わりである。

冒頭で触れたように、スポーツの運動は最新の器具を使い、極力怪我を避けないといけないないし、合理的に筋肉や技術を身に付けないと駄目だ。

夏場に少年野球の練習で水を飲ませなかった昭和から、今はアミノ酸飲料が入ったボトルを持参しても構わないくらいになった。私の息子も中学生になり、夏の部活の練習では、私のところにやってきて「飲み物は何を持って行けばいいのかな」と聞いてくる。彼に最適な、アミノ酸のサプリメントをドラッグストアで買って、朝、彼がそれを水で溶かして冷却ボトルに氷も入れて、学校に持って行く。昭和では考えられない良い傾向である。

それでも、いまだに夏場の学校で熱中症の死亡事故が多く起こる。やはり昭和の悪しき慣習を善しとする一部の教師らが、子供に水を与えなかったり、長時間、修行させるように猛暑の中で立たせたりしているのが原因になっている。「これくらいの暑さなら大丈夫だ」と思っているのではなく、「猛暑に耐えろ」という顔でいると思う。

話は逸れていなくて、冷たい水を入れると、ずっとその冷たさを維持するボトルが今の時代にはある。熱いコーヒーを入れてみるとずっと高温のままで、油断して一気に飲むと舌がヒリヒリしてしまうくらいだが、それもすごい技術の進歩だと思っている。真夏に体温が上昇し、熱中症気味になってきた少年少女たちが、そのボトルに入っている冷たい水を飲んだら、死亡事故は避けられる。あとは、部活の担任が、その水を飲む時間を生徒に与えれば万全ということだ。

ちなみにこのボトル、昭和生まれの人たちで、「何ていう名称なのか」と議論したところで、ある通りかかったお兄さんが「魔法びん」と口にして、一同、唖然《あぜん》。

「え？　懐かしい言葉。あなた、平成生まれじゃないの？」と爆笑したものだ。

ボルダリングだけでなく、スポーツの道具は最新のものに限る。

私は最近、ある女子とゴルフに行くために、彼女にレンタルシューズを勧めた。それは彼女が河川敷のゴルフ場にしか行かないからで、もし彼女が山岳コースにまで行くというのであれば、本格的なシューズを買ってあげた。女子のゴルフウェアはシューズも含めすべてがかわいいしね。

私のゴルフシューズはナイキだが、新しく進化するたびに捻挫などを避けられるようになったと実感する。山岳コースで斜面から駆け下りたときに、または斜面から打ったときに、しっかりと足首を守ってくれているのが分かる。昔のシューズだと踏ん張りが効かなかったり、転んだりしていた場所でそうならなくなった。同じコースに何度も出ているから実感している。

筋トレをしている人は多いと思う。

もし、古い器具ばかりのジムに行ったら、「危ないなあ」と気分が悪くなると思う。スポーツ運動は快適にやらないとモチベーションは上がらない。

生活における技術の進歩で私が否定的なのは、ゲーム機器とスマートフォンだ。個人コンサルにやってくる「目指すはユーチューバー」の若者たちに、長く「iPhoneに興味を示さない昭和のおっさん」と軽蔑されていたが、若者たちも「これ以上新しい機能はいらない。高価になるばかりだ」と分かったようで、スマホ市場は停滞してしまっている。

これ以上、綺麗な写真が撮れてしまったら、あなたの彼女のわずかなシミも、一本の白髪も写してしまい、それをイチイチ加工して消さないといけなくなる。４Ｋの画面を見ていて気分は良くても、映される側が疲れてしまっているのだ。特に女性たちだ。女子アナなどである。

技術の進歩に万歳をするのは、健康や命に関することで、あとは仕事がより合理的になればよい。その際に考えてほしいことがある。

合理化できない職業の人を見下さないことだ。

私の怒りはそれだけで、別に、超合理主義で「寿司はロボットが作れ」と口にしてもかまわないが、だからと言って、寿司職人を軽蔑することは感覚が誤っている。街を走る車とサーキットを走る車とを同一視して、どちらかを軽蔑しているようなものだ。

昭和以前からの、最後の日本の伝統を守ろうとしている人たちにも、技術の進歩はあまり役立たない。手作りが多いからだ。

お酒のように時間をかければかけるほど価値が上がるものもある。それらに対して、「時間をかけているバカ」という輩がユーチューバーを目指すような男たちに多い。しかし不思議なことに彼らも、お金持ちになったら時間をかけた手作りの品を高いお金を出して買う。人は最後には伝統的な品や料理、芸術的な作品や美しい手作りの品物に心を惹かれるようになっているのだ。

それらを買う前に、怪我をしたり、不運にも命を落とさないためにも最新の技術は大いに取り入れて、お金が出来たら十年もののワインで乾杯をしていればいいのだ。

「いい女」の多い地域は

これは私の持論で、会う人たちから「へー、その話、飲み会で使える」とちょっとばかり小馬鹿にされるオカルトチックな話だ。

「この地域にはいい女が多い」

私がたくさんの男たちに会ってきて、ある地域の女性と付き合ってきた男たちの意見の統計を取ってみたら、面白い結果が出た。統計と言っても五十人以下だが……。

戦国武将がいた県の女性が素敵だ。

という結果である。

圧倒的な高評価を獲得したのが、福岡県の女性たち。おめでとう、福岡女子。

ここは黒田如水《くろだじょすい》の地である。太宰府天満宮《だざいふてんまんぐう》に如水が茶の湯などに使ったとされる「如水の井戸」がある。

私も短い期間、福岡県の女性とお付き合いしたことがあるが、男性を立てて、家事が上手で、そして貞操観念もしっかりしていて、おしゃれにも余念がなかった。軽い男が嫌いで、付き合いが深くなるまではしっかりと敬語で話す。セックスも熱心だ。

お隣の佐賀県にも似ているタイプの女子は多い。また、福岡の中洲《なかす》のキャバクラが「銀座のレベル」と言われている。

次に票を集めたのが、熊本県である。

こちら、私の本が日本一売れる県でもあって、有名書店に入ったら、私のような無名の物書きでもサインを求められるほどだ。福岡の中洲同様歓楽街があって、こぢんまりとしているが、全国からお金持ちたちがやってくる。有名なAV女優がいるわけでもないようで、「熊本の女は最高だ」と言うことだ。こちら、熊本城に加藤清正《かとうきよまさ》が鎮座している。

第三位は和歌山県。

戦国武将というよりも、江戸時代まで「紀州藩」として幕府と手を組んで全国を牛耳《ぎゅうじ》っていた地域である。今でも保守派の天下らしい。この地域の女子もよく知っているが、優秀な男を好み、仕事のサポートに余念がなく、黒子となって大活躍しているものだ。

大阪に出てしまう女子も多いようだが、戻って来たらかわいらしくなっていて、「やっぱ、和歌山がいいね」と笑うようだ。和歌山ラーメンが愛《いと》しくなるようだが、熊野古道、高野山《こうやさん》と天下の世界遺産があるわけで、高野山には織田信長《おだのぶなが》の墓碑がある。

同じくその特徴を見せるのが山口県の女子たちで、こちらはそう、長州藩士たちの国だ。「地元の男性と一生仲良く、その男性を支えて暮らす」という意気込みさえあるらしい。

これら戦国時代や幕末の偉人がいる地域は、子供の頃から大人たちに彼らの話を聞かせれていて、その偉大さや男らしさにうっとりしているのかもしれない。銅像もあるのだから、それを少女の頃から眺めていたら、強い男を好きになって当たり前だ。

ただ、熊本県の女性は、「だからと言って、熊本の男子が強いわけじゃありません」と苦笑していた。男は、あまりにも偉大な人を前にすると、縮こまってしまうからかもしれない。

さて、低評価を受けた地域の女子のことは書いていいのだろうか。本書が売れなくなったら問題だが、地元の女性が真顔ではっきりと、「里中さんはここの女性はやめたほうがいい」と言ってのけたのは、「宮崎県」。

ジェンダーフリーに躍起になっていて、男女ともにパチンコが大好き。女たちは異常に気が強く、美女なら「何回離婚しても私は結婚できる」と息巻くこともあるらしい。口にしなくてもいいよな（笑）。

北海道の女性たちも自立心が強く、喫煙率も高く、離婚率も高い。もちろん、戦国時代には開拓されていなかった。

それから、私と友人の二人で、「なぜか良い女が多い」と絶賛しているのが鳥取県。砂丘に浄化されたのだろうか（笑）。

気難しい問題ばかり語っているから、少し、皆さんに休息を与えた。宮崎県にもかわいらしい女子はいます。

フェティシズムの合う相手を探せ

昭和から平成の始めくらいまで名を馳せた俳優たちの、セックスの武勇伝を聞いていて、私はあることに疑問を抱いた。

例えば、ある俳優が一年間で女性を千人抱いたと言っていたが、一年は三百六十五日だから、一日に二人以上の女性を抱いていることになる。たまたま、新幹線の車内で隣に座ったファンの女性（といっても熱狂的なファンではないと思う）をトイレでさっと抱いたとか、銀座や祇園《ぎおん》やらの店に行って、そこにいる女性を近くのホテルにどんどん呼んで順番に抱いたとか、あるいは一度に抱いたとか。

ほかにもそんな「利那的な」セックスがあって、だから一年で相当な数の女性とセックスをすることになるのだが、そこまで利那的、一時的だったら、そう、お金は絡んでいないのだ。少しだけ小遣いを渡すかもしれないが、時間がなかったらそれもないと思っている。冒頭の新幹線の中でのセックスもそうだ。その場で五万円を渡したかもしれないが、降りる駅が迫っていたら、セックスだけで終わっているかもしれない。

私の記憶が定かなら、昔の女はセックスだけで満足していた。

俳優だけではなく、ちょっと格好いい男に処女を捧げるにしても、「セックスするならお金が欲しい」とか「最初はちゃんとした高級ホテルに連れて行ってもらいたい」、またはそのセックスの前に高級なランチやディナー、車がないと駄目というように、その男の財力を見てから抱かれるという、打算的かもしれないセックスはあまりなかったのだ。そのどちらが良いか悪いかはともかく。

十九世紀末のイングランドに、オスカー・ワイルドという天才がいた。すでに私の著作に書いているが、その妻が彼の「才能」に惚れこんでいて、お金には目を向けていなかった。ワイルドが同性愛の罪で投獄されて一文無しになったときに、「犯罪者とは離婚するべきだ」と周囲から進言されて迷ったワイルドの妻は、一度はそれを決意したが、彼の作品を読んで、「なんてすごい人、やっぱり離婚しない」と言ったそうだ。

オスカー・ワイルドは女嫌いだったが、その理由は同じく、「女はお金を愛していて男を殺すだけ」という言葉を口にしていた。

産業革命の頃で、イングランドだけではなく、特にフランスの女たちはひどかった。芸術家だったワイルドは当然、フランスにも滞在している。「フランスの偉人たちは皆、女に殺されている。一見して分かるじゃないか」と言っていた。とはいえ、差別主義者ではないワイルドには、女性友達も多くいた。要は個人を見るのだ。

ワイルドは結果的には、若い男の恋人の裏切りと国家（イギリス）に殺されたのだが、その若い男の恋人はワイルドのお金が目当ての性悪だった。少しでもお金持ちになったり、有名になったりすると、相手が女であれ、男であれ、恋人になりたいとやって来る人間がいる。それは男の才能が好きなのではなく、預金や翌月に入ってくる仕事の報酬が好きなのである。

ワイルドは、社交場や娼婦の館と言われたイギリスの高級ホテルで、宝石をもらっては寝室に消えていく女たちを見て、それに嫌気が差したのか、日本で言う歌舞伎《かぶき》町《ちょう》のような場所で貧乏な男女の若者たちと遊ぶようになった。しかし、柔軟性のある彼は、女優とも仲良くしていて、やはり「才能を見てくれる人間」を大事にしていたのだ。

日本ではバブル期以降、女たちは「男はお金」になってしまった。「ＡＴＭのような彼氏がいい」と冗談でも言ってはいけないことを口にする。私も似たような笑えない言葉を美女から受けたことがある。もちろん、その場でさようならだ。

才能を重要視し、愛してくれる女性もいるだろう。

その場合、その男の職業が好きな女と決まっている。将棋が好きな女子がいたとして、男性棋士の才能に惚れる。小説が大好きな女子がいたら、文学者の才能に惚れる。文学者に億万長者などいない。芥川《あくたがわ》賞を取ったところでお金持ちになることは滅多にないのだ。

写真を撮ってもらうのが好きな女子がいたら、天才的な写真家に恋をすることもあるかもしれない。

念のために言っておくが、「それなりの才能」だけでは女は惚れない。

あなたに惚れる女がいて、あなたが天才か、やや天才に近い男でなければ、その女は才能と別のモノがセットになっていることに惚れている。その別のモノはお金なのだ。あなたにお金がなければ、あなたの親が大きな家を持っていて、あなたが長男なのかもしれない。

これら、女性が悪いのではなく資本主義社会の責任なのだが、女は美しいものだから、できれば愛したい。

「悪食の女」という言葉があって、それは才能を食う女、という意味に使われることがあるが、お金持ちなら醜い男でもＯＫという意味でも使われる。

そんな女に騙されないようにするにはどうすればいいのか。

大人しくしていることだ。お金があっても教えないことだ。

ＳＮＳに金持ち自慢の投稿をしてはいけない。どうしてもそれがしたかったら、「たまの休日だから」などと嘘をついて遊んでいる様子を見せるしかない。

以前に私は「そういうセックスをするならもっと良い部屋にして」と言われたことがある。特に変態的なセックスではなかった。彼女の体にタトゥーが入っていて、冷めてしまったから、服を着直してフェラチオを主にしたセックスにしてほしいと頼んだだけだった。私を好きだと言ってホテルにやって来て、贅沢な食事をしてそれだ。

同じ時期に、ある女性の自宅アパートで、同じような体験をした。その彼女は、体に大きな痣《あざ》があった。私はそれを見てびっくりしてしまい、勃起しなくなった。だけど、彼女は熱心にセックスを頑張ってくれて、最後まで抱くことができた。若かった私は女を見る目がなかったようで、その彼女とはすぐに終わった。彼女には高級な食事も、高級なホテルも、何もプレゼントせずに、お喋りが楽しいだけで結ばれたのに。

出会った女性十人がいたとして、一人くらいはそんな奇特な女もいる。

「フェチ」に似た、男のある本能に執着している女性が、最も長続きをする恋人だと断言したい。

お金はシステム的な実体のないモノだから、フェチには該当しない。男の体にくっ付くわけでもない。スーツ姿の男性が大好きな女子がいたとして、高級なスーツにはお金がかかるが、その女子は「お金は見ていない」のだ。しわの入っていないブランドのスーツの似合う男が現われたら、それで満足なのだ。

「平凡な男性が好き。里中さんのような無茶な生き方をする人は駄目」と美女に言われたことがある。「平凡」という才能が好きな女子もいる。会話をしていれば分かる。

「私、ベンツの小さいのに乗っている奥さんとか嫌いなんだ。お金持ちの旦那ですよって顔で。運転は下手なのに」

「ディズニーランドに行ければ満足。海外の？　うーん、今はテロが怖いからね」

「腹筋がある男性のお腹を叩くのが好き。なんであんなに堅いんだろう。叩いても平気な顔してるし」

などと、目を輝かせながらお金持ち自慢を嫌う話やお金とは無縁の話をしている女性は、その年齢に関係なく、ずっとそのフェチと趣味を共有できる男性を探している。

私がほかの著書でも色々な角度から「フェティシズム」を考察しているのはそのためだ。

ヒトの恋愛は、洋服をまとうことから始まった。

フェティシズムはお金に狂った人類にとって「恋愛の最後の砦」だと思っている。

成功者はすべての雑音を無視する

私が YouTube の公式動画の中で、友人の美容師と「女性は男よりも弱い」というステレオタイプのような話を口にしている。もちろん、「メンタルではなくて体力のこと」と言っているが、聞き間違えた女子が、反発せずに、「そうか、女はそんなに弱いんだ」と思ってしまったら困ったものだから、当たり前のことを説明している。

● 二十歳の女性と六十歳の病気がちな男性だったら、女性のほうが強い。
● メンタルが弱い男はいっぱいいる。
● 同年代の男女を比較すると、筋力などは男のほうが強い。そういう骨格や背丈になっている。

さらにフォローを入れていて、「女性には生理や妊娠、出産があるから、その期間、男より休まないといけない」と口にしている。

短い動画の中でジョークをいっぱい交えながら、ここまで細かく女性にフォローをしておかないといけないのはなぜか。

女子たちに、

「そうか。やっぱりそうだったんだ。じゃあ、結婚の幸せを目指して頑張ろう」

と前向きになってほしい半面、

「なんだ。私はいくら仕事を頑張っても、男には歯が立たないのか。なるほど、車の運転が苦手なのは地図が読めないからで、だから営業の車を預けてもらえないのか。確かに、ナビがあっても道に迷って帰るのが遅れたことがある」

と肩を落とし、鬱にでもなられたら困るからだ。

本書では、「科学的根拠」という言葉がよく出てくるが、科学の様々な研究にも「そろそろあきらめろよ」という課題があって、それが男女の脳の違いについてだ。

なんとか男女の脳を同じ脳にしてジェンダーフリーにしたい、という社会学者がいて、それを「モザイク脳の研究」と言う。人間の脳は男性的な脳と女性的な脳がモザイクのように混ざっていて、男女の脳はまったく同じだと言いたいのだ。

結果的に同じでもいいのだが、明らかに女子たちは地図が読めない人が多く、明らかに男たちは攻撃的だ。

しかし、それを覆《くつがえ》す方法はある。

野鳥が一斉に泣き出すように、世界中で「女性は地図が読めて、車の運転が得意だ。男はとても優しくて戦争も嫌いだ」と言えばいいのだ。すると、少なくとも先進国の教育された男女たちはそうなる確率が高い。「女は地図を読むのが得意だ」と洗脳された女子たちは積極的に出かけて、道路標識や地形や太陽の位置を確認し、ナビのない車に乗ってもホテルに戻ることができるようになるかもしれないのだ。

「じゃあ、女は地図を読めないなんて動画で言うな」と批判されると思うが、現状はその通りだし、私の中では、男女の脳は絶対に違っていることは確定していて、「モザイク脳の研究をしている科学者たちは悪あがきはやめてほしい」と呆れているのだ。

なぜかというと、「攻撃性」の部分で、男たちがそれを変えることはまずできないことが、別の分野の研究で決定しているからだ。

二〇一九年もベネズエラでクーデター、スリランカのテロは三百人もの罪のない人たちを殺して、テロリストたちの大半は男。もちろん、テロを指示するリーダーが女であることは少ない。殴り合いのケンカにしても、女同士のそれを見かけることは長い人生で二回か三回ほどで、逆に男同士の殴り合いはよく見かけるだろう。日本に限らずだ。

攻撃を開始する前に、男たちは地理を確認する作業をしたり、逃亡する場所を決めたり、日没の計算やらに余念がない。女性はそれが苦手だから、テロに加担したとしても役目はただ自爆するか、負傷した男たちの手当てとセックスの相手だ。無論、中には攻撃的な女もたまにいて、男と同様に地図を読むのが得意な女性もいる。

私の知り合いに二人、地図を読み、車の運転も得意過ぎる女性がいる。私の知人、友人は少ないから、その中に二人もいることは高確率と言える。しかし、その女性二人は実は未婚で、少ない女性の友人の中で地図が完璧に読める人が二人いるのも高確率だが、その二人が未婚なのも高確率だ。つまりその二人はモザイク脳ではなく、「男の脳」を持っているのだ。だから男性から敬遠されるのである。

さて、堅苦しい事例を並べてしまったが、要は、切り替えるか、前向きになるか、どちらかにしてほしいという私のアドバイスだ。本書が出るまでに動画か講演会で話していると思う。

非常に良い自己啓発だから、以下、よく読んでほしい。

苦手と観念して切り替えて違う分野に挑戦する。

苦手と思わされていると思って、前向きに苦手を打破するために、それに取り組む。

どちらかを選択しないと、あなたはじっと椅子に座っているだけの人生になってしまうのだ。分かりやすく言うと、新薬が出来るまで手術を拒んでいたら、死んでしまうということだ。

多くの高学歴の研究者たちを尊敬しているが、九十九パーセント確定していることを覆すための研究は、その大学が国立だったら税金の無駄遣いだ。男女のことを言うと、おっぱいのある女とない男、ペニスのある男と膣を持つ女を、「同じだ」みたいな研究はいい加減にしてほしいというのが本心だ。

「空と海は同じ色をしている」と言っているのと同じで、一見すると同じ水色だが、彼らの男女の研究は、さらに「空と海は何もかも同じ物質で出来ている」と研究しているようなものなのだ。

今、あなたがどういう状況に置かれているか。それが大事だ。

どうしても「常識」に逆らいたい人には、向上心と負けん気というウルトラCで、常識を覆すことはある程度は可能だ。それを固定観念の打破と言う。

私の話をすると、五十歳でお腹の手術をした。八時間手術室にいた。麻酔から目覚めたら、体重が十キロ減っていて、筋肉もなくなっていた。腹筋だけは結構あったようで、医師たちがその話をしていたのを覚えている。腹筋だけは少し残ったまま、脂肪と筋肉がなくなった私は絶望しながら、ある日、息子とボルダリングのジムに行った。

文庫本ほどの大きさと厚さしかないホールド（石）を掴んで登っていく人たちが、超人に見えた。私は単行本くらいのホールドがたくさんある課題じゃないと登れなくて、それが初心者用の七級の課題だった。そして文庫本ほどのホールドを掴んですいすい登っていく人たちは三級くらいだった。皆、若かった。年長者でも四十代。

若い頃から運動神経は抜群だったとしても、五十歳を過ぎてから一度、お腹を切ってボルダリングを始めたところで三級以上になるのは不可能だと思った。

……が、三級くらいのおじさんがいることを知った私は、目標を三級に定めて、一年間やってみた。すると、一年で三級を登れるようになったのだ。正確にはそのジムにあるすべての三級課題を落とせるわけではなく、苦手な課題は登れないが、「あの人たちは超人だ」と目を剥いていた場所に、私が立ったのだ。

それができたのはなぜか。

周囲の雑音をすべて消したのだ。

担当医師から、ボルダリングを「怖いからやめてくれ」と言われても、「怖くないですよ」と笑い、「若い連中に勝てない」と自分でも苦笑いしながら、虎視眈々《こしたんたん》、「指の痛みが取れたらあの課題を登ってやる。俺には限界はない」と勝手に自信過剰になったのだ。


あなたが仮に、昔から親にこう言われていたとしよう。

「おまえはバカだ。父親の俺もバカだし、お母さんも学歴がない。おまえは良い大学には行けないし、仕事も成功しない」

それを信じてしまわずに、切り返せばいいのだ。

「親父、親父はバカだと言うけど、実は俺は大器晩成型なんだ。本気になったらすごいぞ」

または完全にその親を無視である。


ある人が自殺をした。

父親も兄弟も自殺をしていた。だから遺伝的な部分もあったと思う。だが、私はそれだけが自殺の原因ではないと思っている。きっと周囲の人間が、「お父さんもお兄さんも自殺している。おまえも発作的にするかもしれないから注意しろよ」と言っていたのではないか。何度も何度もそんなことを言われていると、「自分は自殺をする家系」と思い込んでしまって、その悪霊に取り憑かれてしまう。

あなたは自分がやりたいことを否定されたとして、そこで「私は違う。その常識を破る」と私のように強気に出るか、その雑音が聞こえない環境に身を置かないといけない。固定観念の打破とはそのことだ。常識、スタンダード、ネガティブな当たり前……。それらが雑音として耳に入ってきたら、無視する。

ただし、「いくらやっても駄目だった」、とか、「別に無理だし嫌いだからそれに取り組む気持ちはない」と、ムキにならないでほしい。それが最初に語った「女子は地図が読めない人が多い」の事例だ。

「私、簡単に目的に着けるよ」という女子はいいのだ。首都高の地図を見ながら「なんだこりゃ、迷路か」とパニックになるような女子は、素直に彼氏に助けを求めればいいいだけだ。地図や列車の乗り換えのことで素直にならない女性に私は苦労してきた。

車の運転が下手なおばさんが、事故をよく起こす。軽自動車でショッピングモールの駐車場なら、ほかのドライバーは自分がぶつかられないように、とても気を遣う。おばさんは「女性は車の運転に不向き」という社会の固定観念を無視しているのだが、正直、迷惑なのだ。

あなたの犯罪はあなたの責任ではない

過激な問題を語る。

あなたが、こんな経験をしたとしよう。

コンビニに入って、サンドイッチを万引き。その場で逮捕された。同時刻に別の男が女子高に侵入。トイレに盗撮カメラを仕掛けて逮捕。数時間後に、古い車に乗っていた老人が児童の列に突っ込んで、多くの子供を殺した。翌日にも似たような事件が起こり、男女関わらず逮捕されていく。執行猶予か実刑の判決が出て、人生は終わる。

このような犯罪が増えているかどうかの統計は取りにくい。

児童の列に車が突っ込むという事故については、昔は集団登下校がなかったから、跳ねられる児童は一人だった。集団登下校にしたのは誘拐を防ぐことが目的だが、結果的に子供の死者を増やしたかもしれない。誘拐されるのは大問題だから、同時に、

Pessimism

交差点にガードレールなどを積極的に設置すればよいのだ。しかしそれを行政は怠る。

人間は完璧ではない。明日は我が身だ。

ストレスに殺されそうになった経験がある人はいると思う。そのときに、女子ならヒステリックに喚いて、それを覚えてないくらいになるし、自傷したり、彼氏がいたら彼氏を泣かせるほど困らせたりする。ドタキャンをする女子もそうだ。子供を虐待する女性も増えた。

男なら、そう性犯罪に走ってしまう。スマホも盗撮用カメラもそこらで売っているし、すし詰めの通勤電車では、若いＯＬや女子高生が体をくっつけてくる。私の場合、昔から、「触ったところでセックスがその場でできるわけじゃないから逆に中途半端でストレスになる」という考え方があって、どんなにストレスに蝕《むしば》まれていても痴漢はしないが、痴漢をする男たちは、それで逮捕されたら人生が終わるのを分かっていてするのだから、根本の原因を探らないと痴漢は撲滅できない。

「刑務所に入ってもかまわない」「人生がつまらない」として、それが生まれたときからだろうか。

生まれたときから人生がつまらない？　そんなバカな。

お金がないのは格差社会のせいだが、そもそも、労働者の賃金が安いのが資本主義の掟だからどうにもならない。スマホを見ながら、「ああしろ、こうしろ」と言っている人間が最も高給取りなのだ。

先に問題点というか結論の一つを言っておく。

犯罪が増えたら、解散総選挙をしないといけないのだ。

老人の運転する車が、歩行者を毎日のように跳ねていて、それが「老人のせい」と思ったら大間違い。国の責任だ。放置しているのだから。放置するなら、その老人から一切の税金を取ってはいけない。老人に持ち家があったら、固定資産税も取ってはいけない。

税金は国の発展、安全、福祉のために使われるはずなのに、それを実行しない。常識的に考えてそれで犯罪が増えたら、解散総選挙だ。しかし、外交で上手くいっているからと解散にはならない。日本という国は、自国のことは常に民間任せなのだ。

私は皇室は好きだし、日本の清潔感が大好きだ。富士山も沖縄も好きだ。しかし、この国は半ば終わっている。人々に品格がなければ、「金」のことしか頭にない。児童が毎日車で殺されているのに、その対策を急がない。ただ、災害が起こると、政治家はその地域にさっと行き、対策本部を作るくらいだ。

お金は普通に稼げばいいのだが、普通に頑張っても、徐々に貧乏になっていく仕組みになっているから、フリーランスになったりユーチューバーになったりするしかなくなる。そして一部の成功した男女が、ＳＮＳでそれを見せびらかすから、庶民は真似をするかストレスで暴発している。

沖縄の基地問題では、本州にいるプロ市民たちが駆けつけて、一緒に抗議デモを起こす。しかし交通事故で愛する子供を失った親御さんや子供を連れていた園の職員たちに記者会見をさせて、心ない質問を繰り返すマスコミのいるテレビ局や出版社に抗議に出かけることはしない。

私のこんな話も、「里中は丸くなった。お金を稼ぐ方法は書かないのか」という具合だ。

お金を稼ぐ方法は、今さっき書いた。

①この国は終わった。
②フリーランスかユーチューバーになるしかない。

外国に行けば、子供が一度に車に轢き殺される事件も少ないと思う。アメリカはテロリストに銃殺されてしまう事件が多いから、それがストレスで勧められないが、ほかの先進国で学校を狙ったテロはまだ少ない。中進国だったら、一人の子供が殺されたり誘拐されたりする事件はあると思うが、やはり毎日のようにまとめて車に跳ねられる事件はないだろう。日本は治安が良いが、このような車の事故、事件が多かったら、治安の意味も分からなくなってきた。

Pessimism

それら中進国は物価が安いから、日本で預金をしてその国で起業すれば成功する確率は高いし、しばらくの間は高級な住宅に住めるし、男なら、女も簡単に手に入る。

才能のない人が日本にとどまってお金を稼ぎたかったら、すでに飽和状態だが、IT関連のビジネスに着手するか、ユーチューバーのような真似をするしかない。女子なら、太もも全開の動画をずっと投稿していれば、生活費の足しにはなるだろう。さらに才能があれば、色気とその才能で男たちよりも稼ぐことができる。

男なら、陰謀論や都市伝説を饒舌《じょうぜつ》に語っていれば、それなりに儲けられる。安いアパートを借りて、「かわいい子猫との貧乏暮らし」という動画もIQの低い人たちにバカ受けして、ベンツくらいは買えるかもしれない。

「コーヒーは実は体に悪い」から「マイケル・ジャクソンはまだ生きている」まで、根拠のない都市伝説は無数にある。それを話しても責任を問われることはない。

喋りが苦手だが、都市伝説やオカルトに精通しているなら、漫画を描ける人を雇ってタッグを組めばいいのだ。動画編集なんか簡単にできる。しかし、YouTubeは残り十年の命といわれている。稼いでいる人たちの動画の半分が「危険行為」「犯罪行為」だからである。

また、そのスレスレを狙ったところでYouTubeから警告を受けるから、それがストレスになってしまう。「この動画のどこが悪いのか」と。私も講演会で話し忘れたことをYouTubeで話しているが、たまに、「NG」がかかることがあって、その理由が分からない。恐らく病名だと思うが、心の病に特化した漫画のYouTubeは人気がある。基準が曖昧なのだろう。

しかも、ユーチューバーになって、ネタが切れたときに視聴回数が激減したとして、それでも粘っている間にあなたは無職。次の就職先が見つからない。苦肉の策で仮想通貨や株に手を出すが、それも失敗。ストレスで痴漢をしてしまって終了である。

その犯罪も、あなたの責任ではあまりない。

「なりたい職業はユーチューバー」。子供がそんな戯言《ざれごと》を言う時代にした国の責任だ。実体がほとんどないそのビジネスで経済が潤うことはあまりない。生産もしないのだ。なのに、マスメディアはそれを面白おかしく報道する。

何もかも、日本という国家がアメリカの言いなりで、民間任せの悪習が残っていて、子供の命よりも選挙が大事なのが悪で、誰かが犯罪を犯したときにその人が百二十パーセント悪いということはほとんどない。あるとすればまさに先天的に脳が異常な人間の犯罪だが、それは逆に罪にならなくて、その子を産んだ親が自殺させられるどうだ。あまりにも厳しい社会だろう。集団で人を追い詰めるのが「趣味」の国なのだ。

あなたはもう、嫌気が差して本書を投げ捨てたい気分だ。

逆転の発想は、海外に出て行く以外は一つしかない。

孤独に頑張ることだ。

器用にやっている奴や口の上手い奴と手を組むと、あなたは死に追いやられる。

孤独と書いたが、男女ともに一人だけ恋人がいればいいいと思う。恋人が無理なら、飲み友達、セフレでもいい。ネットの検索が得意でしょう？　セフレくらいすぐに見つかる。それでストレスを発散していれば犯罪者にはならない。分かっていると思うが、セフレと社会学なんか話してはいけない。セックスだけにすること。

日本がまともな国になるまでは、雑音が聞こえないように、付き合う人間を減らし、目標も少しだけ抑える。「一戸建ての豪邸が欲しい」を「高級賃貸マンションに住む」に変えるのだ。固定資産税もかからない。「あの土地にマンションを買えば高く売れる」というのが雑音で、あなたを苦しめる結果になるのだ。その口の上手い奴に騙されないようにしろ。

私が競馬をやっていた頃に、「馬券がそんなに当たるなら予想で儲けるな」と中傷されていた。文句を言っていた人たちは、そこまでは言えても、不動産などになると理解できないようだ。そんなに高く売れるマンションなら、不動産屋が自分たちで買えばいいのだ。

自分で考えて失敗したことには、それほどのストレスは感じない。だが、誰かに乗せられて失敗したり、国家権力に追い詰められたりしたら、自殺したくなる。酒、セックス、その他嗜好品でもそのストレスは緩和ができない。

一人で頑張って、恋人と笑って遊ぶ。ほかに常に一緒に行動する人間は誰もいらない。近くに恋人、そして遠くに親友がいるのがベターだと思う。

褒められる才能を仕事にする

偏差値がどうこう、高学歴が有利など、正直、いつまで悪習慣を続けるのか、くだらない文化だと思う。

先日亡くなられたドナルド・キーン氏の自伝の中に、高学歴の略歴が書かれてあった。もちろん、彼は私の敬愛する文学評論家なので、批判ではない。彼自身にとても才能があったという話の流れで、アメリカの有名大学の名前が出てきた。

そのときに、もし、「学歴など今の時代ではどうでもいいこと」とキーン氏が添えてくれていたらなあ、と寂しい気持ちになった。キーン氏に限らず、高学歴の著名人はその自伝やエッセイに、すぐに自分の愛した大学の名前を書く。キーン氏のような偉人ならいいのだが、半ば転落している男も高学歴を最後のプライドとして、世間に抗《あらが》うように主張し続けるものだ。

子供は、良い学校に行くのがベターだと思っている。

それは頭の悪い生徒が揃った学校はケンカや無意味なセックスが絶えないからで、特に高校はそうだ。大学になると六大学でもレイプ事件が起こっているので、十八歳以上になった男の子に学歴は関係ない。女子に対しては才能で生きているのだと思う。優しい男子は優しく、それは遺伝的な才能で学校は関係ない。

そう、人間はすべて才能なのだ。

美女と美女じゃない女性は、振る舞いも付き合う相手もチャンスをもらう回数も違ってくる。

「才能ってなんですか」と聞かれたときに、私はよくこう言っている。

「才能があるとは、チャンスをもらえる回数が多いこと」

美女は、男たちから告白される回数が多いのだ。その中には、お金持ちがいっぱいいる。

あなたに音楽の才能があれば、プロから声をかけてもらえることがあり、絵を描く才能があれば、その絵を「買いたい」と言ってくれるお金持ちが現われる。それらの回数が多いと、大成功するチャンスが増えていく。高学歴がチャンスになるのではなく、才能がチャンスに繋がるのだ。

「東大生です」「慶應出身です」と言ったら即採用、という時代はバブル崩壊後にもう終わったのだ。今でも多少有利だが、面接で一流大学ではない学生が豊富な語彙《ごい》を持っていて、個性溢れる話をしたらそちらが採用される。

また、礼儀正しい人も採用される。礼儀や公共マナー、作法などを教えることを重視した女子大を出ていたら、女子は有利だ。だが、六大学の女子たちは、彼女たちと口喧嘩などになったとき、その学歴を見下すだろう。

平等やら人権やらうるさい時代に、いつまで学歴差別を放置しているのかと不思議だ。

高卒でも特化した才能があれば、それを見たプロが声をかけてくれる。特に若者に注意したいことは、お年寄りのプロならより信用できることだ。もう引退間近で、若者を育てたいと思っていればあなたを騙すつもりはない。逆に、若いプロの男が若い素人の男に声をかける場合、「その才能で一儲け」というたくらみがあることが多い。ビジネスということだ。

ドナルド・キーン氏の批判を書いたように思われるから補足するが、彼は、日本語を覚えられる優れた能力と、半端ではない優しさ、その両方の才能を持っていた。

学生時代に日本語を敬遠していく仲間を尻目に、「文字が図形のように楽しく、物語は平和だ」と『源氏物語』に魅せられた人だ。

そして太平洋戦争中、亡くなった日本兵の日記帳の翻訳の仕事をしていた。

もう敗戦が決定的になった日本兵が日記帳に、「もしこの日記を拾ったら家族に届けてほしい」と書いた。戦場から収集されたその日記帳をキーン氏は自分の机の引き出しの中に隠しておいたが、上司に見つかって奪われてしまった。

そのことを「痛恨の極み」と書いていた。真珠湾を攻撃してきた日本人に恨みはなく、いや、怒っていたかもしれないが、死んだ人間の最後の頼み、願いを聞いてあげたくて、遺書になっている日記帳を机の中に隠していたのだ。日本に持って行くつもりだったのだろう。そこまで優しい性格の人間はまずいない。敵兵の日記帳を没収した上司が普通だと言える。

やがて来日した彼は、多くの文豪と親交を深めるようになるが、それに学歴が関係あったのだろうか。川端康成《かわばたやすなり》氏は、キーン氏と対面したときに、彼の学歴を見たのだろうか。

川端康成氏は、キーン氏を自宅に招いたときに、床の間を背にしなかったらしい。ということは、川端康成氏も、肩書や学歴など気にしない人間だったと言える。キーン氏の才能や人柄を見たのかもしれない。

それからもう五十年くらい経っている。

動画の編集ソフトを使えれば、成功する時代だ。それにキーン氏や川端康成氏ほどの才能はいらない。少しの才能と継続する努力と良いメガネがあればいいだけだ。

若い女性なら、「色気を見せる」という度胸があれば、もはや生活費くらいは男に頼らなくて済むようになっている。その自分の肌を見せる度胸も、「露出願望」という一種の才能である。自分は美人と分かっていて、男たちがそれにお金をかけることも分かっていて、今がチャンスとも分かっている美女たちが、インスタグラムでその美を競っている。女子ゴルフのミニスカートを見ればわかる。

残念ながら、男性諸君が筋肉美を見せたところで、インスタグラムではお金にならない。イケメンでなければ逆効果で、信用も友人も失うからやめたほうがよい。女子から「気持ち悪い」と思われるだけだ。

俗な話になってしまったが、時代がネット中心の俗な話題ばかりで動いているので仕方ない。

自分の才能が分からない、という人は多いが、その人たちは、正直、「人の話を聞いていていない」。

聞く力もないのか、人を信じないか、自分にまったく自信がないのか、または、好きな部分と違う長所を褒められると気分が悪くなるのだろう。

美人論でまた分かりやすく言うと、「顔だけ褒めないで」が贅沢で、その美貌を羨ましがっている男女がごまんといるのだ。

あなたが男で、「君は写真を撮るのが上手い」と言われたとして、だけどあなたはロック歌手になりたくてギターを抱いて離さない。そのギターのテクニックはあまり褒められていない。それが、人が自分の才能を見逃すパターンである。


私が子供の頃から二十歳までに好きだったことを列挙していこう。

野球、天気予報、漫画、絵、特撮、中学生のときに写真（やっと将来の仕事に繋がることが一つ）、将棋、ロック、格闘技、バイク、小説と文学（高校生のとき）、車、美少女。

これらの中から、大人から褒められた趣味は写真と文章だけだった。写真は、友人たちからも「プロ級」と言われ、文章では二十歳の頃には「言葉の魔術師」とか言われていた。二十代後半の頃にはプロの方たちからその両方を褒められ、「プロになれ」と勧められた。チャンスももらった。

写真を始めたら、美少女の原石を見つけるのも得意だと、芸能プロダクションの社長やグラビアアイドルのマネージャーに褒められるようになった。人気のない子をヘアメイクで一変させたりした。

同じ時期に唯美《ゆいび》主義に目覚めて、それは子供の頃も好きだったが趣味にできなかった、南の島と清流と美少女の組み合わせだった。そのチャンスももらった。お金にはできなかったが、大いに人生の快楽を満喫した。作品として残っていて、今でも公式サイトのトップページに使用している。

本題は、それら大好きになった趣味の中で、大人に褒められなかった趣味は捨てたか、趣味として仕事にしなかったことだ。

今でも有名な、ある漫画家のアシスタントになったが失敗。ほかのアシスタントのほうが私よりも漫画が上手だった。将棋もそう。弟子入りに行ったら、すでに私よりも強い小学生がいた。その小学生は後に名人になった。はっきりと「弟子にはできない」と言われた。二輪レーサーもそう。私は、すっぱりとあきらめて、「ネクスト」を探したのだ。

私の才能は、自分の考えを言葉にできて、それを文章にスラスラ書けて、なぜか写真が撮れたことだけだった。スポーツはそつなくこなしたが、どれもプロ級にはなれなかった。ストレスに弱くて、スポーツのプロになったところで、「ドーピング検査でアウト」だと分かっていたほどだ。

二十歳までに好きな趣味をたくさん作り、興味のあるジャンルに目を向けて、行動してみて、そこで大人の誰かに褒められたら、それを将来の仕事にする。それがベスト。二十歳を過ぎたら、趣味が多いと生活ができなくなってしまう。まさか、親とずっと同居しているのか。

「自分の好きなことを仕事にする」と、いつまでも甘えていてはいけない。「自分が褒められた才能を仕事にする」に、切り替えるのだ。

そのときのあなたには学歴も肩書も関係ない。目の前にいる人物は、実績がある人であればあるほど、あなたの才能を見抜いていて、正しい見解を提示している。それを素直に受け入れない人が、なんと多いことか。褒められた才能に、多少、不満があってもやってみることだ。そもそもお金を稼げば、才能とは関係ない大好きなことも

Pessimism

できるものだ。

最後に一つだけ、ほとんど語ったことがない私の過去を教える。

実は俳優を志望したことがあり、ある事務所のオーディションに呼ばれたことがある。事務所の名前は覚えていない。高校生のときに写真審査に合格した。

当時、心臓神経症という奇病と戦っていた私は、暇潰しに書類を出したのだ。大好きな俳優さんが亡くなった衝撃があって、逆に俳優に興味を持ったことも理由になっていた。亡くなった俳優の名前は沖雅也《おきまさや》さんである。

オーディションの日に、心臓発作を起こしてオーディションに行かなかった。

四十歳くらいまで未練があったものだ。「次に生まれ変わったら俳優になりたいなあ」と、よくハリウッド映画を観ながら夢を見ている。

私は、好きなもの、好きなこと、やりたいことを多く持ち、何にでも興味を持つことができる才能があったのかもしれない。途中、「美少女」という禁句のようになった言葉が出てきたが、最近、三十代の女性にも魅力を感じるから、「何でも好きになるんだ」と自分に呆れている。

私には「作家」「エッセイスト」「元写真家」などの肩書があるようだが、私は自分の「才能」だけを愛していて、疑っていない。

自分の好きなことが人生の活路を開く

あなたがやっていることは、本当に好きなことなのか。

色々な人に会ってきた。その彼ら彼女らの中で、自分が一番好きなことを仕事にしている、または仕事の一部にしている人はほとんどいなかった。

また、大きな才能があっても、それをビジネスにしない人も見かけた。本人にばれてしまうから書けないが、例えるなら、美女が道路工事をしているようなものだ。

前項で才能があることを仕事にしろと書いたが、その仕事に少しだけ、自分の好きなことも含まれていなければいけない。私の場合は、小説を書くことと写真や映像を撮ることが大好きで、それらは過去に仕事にしたことがあるし、今でもすることは可能だ。小説なら、ウェブで勝手に連載していて、ストレス解消になっている。そしてもしかしたら書籍化してお金になるかもしれないし、作品だから私の死後、息子が引き継いでくれるかもしれない。写真にしてもそうだろう。

あなたは自分が一番好きな何かを、仕事の一部にしないといけない。


そうしないと必ずストレスで死んでしまう。

ストレスは現代社会の癌で、誰にでも襲い掛かってくるインフルエンザのようなものだ。ジワジワとあなたの体を蝕《むしば》んでいき、本当の癌になってしまう。好きではない仕事で失敗して、妻とは離婚。お金がなくなったときのストレスは、自殺に繋がっていく。

好きだった仕事が嫌いになることもあって、そのときはさっと手を引くのが賢明だ。私の場合は競馬の予想だ。予想業者と間違えられたし、アンチをたくさん生んでしまった。

あなたの大好きな行動、物が何かは私には分からない。ただ、一つだけ断言してお

Pessimism

くと、

「ああ、あれをやったからもう死んでもいいや」と思えるものがないと、とんでもなく悔いの残る臨終になってしまう。

それくらい、自分以外の多くの人たちは好きなことをやっているように見える世の中なのだ。

情報が氾濫しているから、大いに遊んでいる人や趣味に興じている人、セックスに呆《ほう》けている人をネットで見ることができる。それを自分ができていないと、医師から、「余命三カ月です」とか「あなたの病気ではもう治療はできません」と言われたときに、絶望するだけでは済まない。絶望よりもひどい状態はなんだろうか。死ぬまで、いや死後も地獄に住むことかもしれない。

大いに好きなことをやっているように見える人たちが、そのことを「一番好き」とは限らない。お金儲けを目的としていることがほとんどだからで、それは決して悪徳ではないが、本書でも言っているように、「愛されない仕事」と思ってもらいたい。

別に愛されなくてもいいとして、だけど「孤独死は悲惨だ」と言っているではないか。私は丸くなったのではなく、社会の矛盾点を指摘しているに過ぎない。「孤独死したくない」という動画がYouTubeにあった。または「孤独死はこんなに悲惨」という人気動画があって、コメントに「孤独死はしたくないな」と書いてある。だが、あなたが目指しているのは孤独死一直線のリスペクトされないビジネス。

自分自身が大して好きではない上に、

妻や子供があなたの仕事を自慢できない。

皆がやっているから褒められない。

流行だからリスペクトされない。目新しさがない。

という具合に、良いことがあまりないのだ。それでもお金持ちになれたらいいのだ、というと、「そうなんだよ」と手を叩いてそのビジネスを続けるが、持続する成功など日本では滅多になく、大好きではないそのビジネスで失敗したときのストレスは半端ない。大迫選手よりも半端ない。

私の言うことを聞きなさい。

私は経験豊富だ。

「俺が知らないのは、次に抱く女のスリーサイズと体重だけ」と言ってのけたことがあるが、もちろんそれはジョークで、知らない外国もあるし、アインシュタインなどのジャンルは苦手だ。

しかし、失敗の経験は非常に多い。生まれてから、悪魔に付きまとわれているかのように失敗続きで、悪霊退散で有名な玉置《たまき》神社に行きたいのだが、行く途中で車を擦ってしまったから、「神社から拒否された」と思ってやめてしまった。

関西弁が話せないだけで、不当な差別を少年時代から受け続け、拒食症になって体が痩せ細り、それをまた差別され、拒食症も心臓が痛くなる奇病（たぶん、今ではパニック障害と言われる）も医師や親から認められない。「心が弱い」と怒られ続け、高校を中退してからは、役所から「学歴のない貧乏人」と暴言を吐かれたりした。お金がなくなったときの税金のことでは、「生命保険を使え」と言われた。つまり「死ね」ということだ。

オスカー・ワイルド同様、個人は恨まないが国家や行政は嫌いだ。

そう、話は脱線するが、「里中さんは愛国者だったのに今は違っている」と、思っている読者の方たち、勘違いしないでほしい。

私は日本が大好きだ。嫌いなのは埼玉県なのである。その怒りが「日本が嫌い」のように見えるのだろう。

ただ、氷川《ひかわ》神社は好きなんだ。うーん、なんか変だな。川越《かわごえ》氷川神社は特に居心地が良い。秩父《ちちぶ》の三峯《みつみね》神社にも救われたか。秩父は東京ではなく埼玉県なんだ。役所の怠慢や暴挙を、神様が相殺してくれているのかもしれない。


あるとき、喜怒哀楽の、喜びと楽しみを失った私は、古い原稿の中から未発表の小説を見つけた。完成しているが、若い頃の稚拙な作品だった。またプロットはしっかりしているが、完成していない小説もあった。

それを校正し始めたのが、ちょうど五十歳のときで、「ああ、三十年前にやっていたことだ。こんなに楽しいなんて」と、埼玉県への恨みも、体調が悪くなってばかりの不運も忘れるほど、目を輝かせていた。興奮して眠れないくらいに校正、校閲を続けた。その一本が冒頭に書いたウェブ連載小説『衝撃の片想い』（著者の公式サイトで連載中）だ。

あなたにもそれくらいの「楽しいこと」「大好きなこと」がないといけなくて、それはできれば趣味ではなく、ビジネスに関係しているコンテンツであってほしい。

趣味はあなたを裏切らないのが最高だが、あなたにお金を持ってくることはほとんどない。私の大好きな高級車に乗る趣味は、私からお金を奪うだけで、楽しくてもお金は運んでこない。

しかし、小説や写真はお金を運んでくる確率は非常に高いということだ。分かりやすいと思う。

「自分の大好きなことがわかりません」

そうか。別の本に書いたが、

少年少女時代に最初に見た衝撃的なもの、最初に大好きになった何かは、ほとんどの人間が死ぬまで好きなものだ。

まずは自分のために生きよう

プロレス団体ゼロワンが、学校でのいじめをなくすための講演活動をしているらしい。プロレスといじめなんて、何か逆にいじめを煽っていくような錯覚をするが、要は、「強い人はいじめはしない」ということだ。

マイナーな団体だから、お金はない。それでもその活動をやっているので立派だ。

私はいじめの問題にはわりと精通しているほうだと思っている。

別項にも書いたが、自分自身が、中学生のときに、東京（千葉県）から大阪の治安の悪い地域に引越して、ひどい目に遭った。昔の西成区じゃないが、似たようなもんだ。

いじめの問題は根が深くて、こうして「子供の頃にいじめられていた」とカミング

Pessimism

アウトしたら、なぜかそれが「恥」になって、また中傷を受ける。なのにいじめてい
た加害者のほうは存分に人生を謳歌しているという悪徳が栄えている国だ。マルキ・
ド・サドが教科書に載っているのかと思うくらいである。

他国でも同様だが、特に自尊心が欠落した少年少女が多い国ほど、いじめは多い。
つまり日本人は、わりと自尊心がないということだ。敗戦国だから国民全体の「民族としてのプライド」が希薄で、大人になったら集団で、失敗した人を公開処刑するのかもしれない。

あなたたちはお金が欲しいか。

いじめの問題に関わってもお金持ちになれない。ある学校に行って、いじめを解決しても大金が入ることはない。そんなことよりも、YouTubeで早食いを見せていたり、馬券を大量購入、換金している様子を晒したり、美女がショートパンツや水着姿を猫や犬と一緒に見せているほうがお金持ちになれて、快楽も得られるのだ。

つまりIQが低下した絶望的な世の中だと思っている。しかも待機児童の問題同様、国もいじめの対策を積極的に取らない。まずは老人に優しくして選挙の票を集めるこ

とに終始する。

本項の最後のほうでクルド人差別の話に触れるが、そこは読まなくていい。

お金が欲しければ善徳は捨てろ。

それだけだ。法スレスレのビジネスをして、失敗したら計画倒産。海外に残してあった預金でシンガポールに逃げる。そこから豪遊している様子をＳＮＳで発信したら、またまたお金が入ってくる。

社会福祉活動のトリックを知っているか。

成功者は立派な社会福祉活動をしているように見えるし、している。しかし、それは成功したからで、社会福祉活動をしている人は成功しない。成功の定義を富豪になることとしたら、なおさらそうなってしまう。

世の中の弱者のために、偽善的にではなくゼロワンのように真面目に働けば働くほど、またはそのビジネスを考案しても、その人が富豪になることはなく、それを評価する人は一部だ。別のビジネスで富豪になった人が、どこかの被災地に寄付をしたり、炊き出しに行ったり、ヘリで急行したりしたほうが断然評価される。

しかし、その被災地には、お金を持っていないボランティアの人やそれほど有名ではない成功者がいることもある。私もそう。熊本の講演会で売れたサイン本の売上を被災地に寄付したが、誰からも何も言われなかった。一件もなし。

本当だ。一件もなし。金額が少なかったからか、寄付先からのお礼もなかった。それを目論《もくろ》んで寄付をしたわけではないが、寄付を頼んだ地元の友人に、「俺の講演会のときのお金、ちゃんと寄付したの？」と後日、確認したほどだ。寄付している様子の写メを送ってきてくれたから、寄付をしたのは事実だ。

しかし、お金持ちや超有名人が被災地に出向くと絶賛される。

地道に活動している人間は、私がよく言う「陰徳」というのを積んでいるのだが、それで成功することはほとんどない。

やめておけ。赤の他人のための自己犠牲は。

自分の快楽のために生きたほうがいい。それが本書の逆転の発想の一説だ。正確に言うと「いったん」やめておけ、である。私は自己犠牲の精神を愛している。だから「いったん」である。

戦闘機の値段は一機数百億円。それも必要だが、その税金で、八十歳以上の老人ドライバーに、自動で止まる最新型の軽自動車を買ってやることくらいは可能だと思う。八十歳以上限定なら、それほどの数ではない。

しかし、そんな法案は作る気配がなく、同性愛者がどうこうとか男女平等の問題の法案に躍起になっていて、子供の「命」は完全に無視。冗談ではなく、昭和の老人には、「子供は一人くらい死んで当たり前。また作ればいい」と思っている奴もいるから、あと五十年以上経たないと、子供たちを守る国にはならない。

そんなこの国のことは一時、放っておいて自分たちのために生きろ。

私は知識を増やすために、引き続き勉強をするが、それにあなたたちを巻き込むつもりはない。だから最後の、クルド人の話は読まなくていいのだ。

今日も、『日経サイエンス』という雑誌で「鬱病」について勉強している。そのことをここに書いたところで、本書は売れない。あなたが同様のことをビジネスに生かしても、ベンツのSクラスは買えないのだ。


さて、クルド人だが、悲劇の民と言われている。

元々遊牧民族で、それも人口が多かった。オスマン帝国が中東や欧州の大半を支配していた頃は、帝国よろしく国境が曖昧で、遊牧民族はオスマン帝国の土地のどこかに住んでいた。第一次大戦で、オスマン帝国が崩壊し、国境を正確に作ることになってトルコ国が生まれた。クルド人はトルコから、トルコ人になるように、クルド語などを止めるように言われて、それを拒否。全世界に散らばった。つまりクルド人は国がないのだ。ユダヤ人のシオニズム（故郷を再建しようとする運動）のような運動を発動することすら困難と言える。

その彼ら彼女らが、日本のなぜか埼玉県に多く移住してきた。

迫害を受けて逃げてきた人たちを、さらに学校でいじめてどうするのか。彼らの親は、蕨《わらび》駅前で清掃活動をしているのに。

教師はその歴史を生徒に教えることもできないのか。教えることができても、教科書通りの歴史を教えるだけで、ではなぜ、いじめという悪魔のような行為をやめさせることができないのか。

それは真剣に取り組んでないからだ。「いじめが学校からなくならないと、その学校の校長と担任はクビ。ほかの学校への再就職はできません」なんてことはない。すべての元凶は、保身のことしか頭にない国家権力の中で胡坐《あぐら》をかいている人間たちの怠慢で、我々は彼らのために働く必要はないのだ。

自分のために高笑いできる生活を目指してほしい。そして余裕ができたら、目の前の子供や弱者に手を差し伸べればいいのだ。

「最高」を増やせば「最悪」に負けなくなる

どん底に落ちてしまう可能性があるということは、資本主義社会の掟だ。

私がYouTubeの動画で気を使って話しているので、それも見てほしい。誰に気を使ったのかというと、資本主義社会とは無縁に見える発展途上国の人たちや、今ならイスラム教の人たちである。

ニュージーランドのモスクが襲われたように、一部のテロリストのせいで、関係のないイスラム教の教会が襲われる事態となった。それを招いたのが資本主義社会の闇だ。

世の中、金、金、金、金だ。

愛よりも、何かの快楽（例えばセックス）よりも、名誉よりも、金である。「お金はいらないが名誉は欲しい」という人もいて、それは大切な心理だが、名誉を受け取っても「極貧」は嫌だろう。「生活できるお金はあって家族も健康で、それで十分良くて、後は名誉だけ欲しい」という長い言葉を、「お金はいらない。名誉だけでいい」と短縮して口にしているのだ。私もその生活をベターと見て、欲のない人には勧めている。

序文が長くなった。

この社会のどん底とは、そう、お金がないことに尽きるのだ。

無論、大病、難病を患い、病院のベッドに寝たきりになるのもどん底だが、極論を事例に揃えたらキリがない。しかし、こうして少し書かないとあげ足を取られるし、書き過ぎると「極論」と詰られる。

大失恋もどん底かもしれないし、強いて言うなら、子供やパートナーを事故や病気で失うことが、お金がない以外の最たるどん底かもしれない。地獄、最悪とも表現する。

お金がない親の子供になった人たちは、奨学金を得て、良い学校に入ったり才能を生かしたスポーツをしたりして、いったん、そのどん底から這い上がる。しかし、またどこかで挫折し、どん底の生活に戻ってしまう。余程、才能と健康に恵まれない限りは、大金が継続的に入ってくることはなく、収入が途切れた瞬間にすべてが免税になるシステムもない。病気になり、仕事があまりできなくなっても、持ち家があったら固定資産税が容赦なく襲い掛かってくる。資本主義社会は、弱った者に刃を向けるのだ。

冒頭の話に戻すと、お金がない国の人たちに、「なんて贅沢をしてるんだ。俺たちには食う金も病院に行く金もない。何がクリスマスだ。ハロウィンってなんだ。なんであんなに遊んでるんだ」と思わせてしまう。

別項で述べたように、ＩＳ（イスラム国）のテロは、その心理から生まれたと言っても過言ではない。狙われたのは、資本主義社会を作った米国である。ニュージーランドのモスクが狙われたのは、イスラム教に対する報復で、資本主義社会の闇が宗教戦争を始めさせてしまった。

日本はアメリカと同じく格差の激しい資本主義社会だ。お金を稼がないと生きていけないし、遊べないし、あっという間に自己破産。クレジットカードは使えなくなり、女性からもてなくなって、毎日のように届く督促状を見ながら、「早く死にたい」と思うようになってしまう。

しかし、あきらめてはいけない。

タイガー・ウッズが復活した。以前、熱心なゴルフファン以外は、苦しむ彼に「天罰」「ざまあみろ」と言っていた。

優勝会見で彼は、「あきらめてはいけない」と何度か言った。そのメンタルの強さを見習ってほしい。元々億万長者だったから、介護士も雇えて、良い治療が受けられたのかもしれない。しかし億万長者であっても、転落後そのまま自殺してしまう人もいる。仕事に復帰できない人もいる。世界同時株安で自殺する富豪が、たまにいるものだ。

なぜ、ウッズはどん底、いや、地獄から這い上がってくることができたのか。「あきらめない」とは、どんなメンタルなのだろうか。

私の持論だが、こんな考察がある。


その人にとっての「最悪」がいっぱいあり、「最高」が少ない人は挫けやすい。


転落は最高を失うことだ。

簡単に事例を言うと、一位から百位に落ちる。ウッズは百位よりももっと落ちた。

最愛の恋人と失恋。

預金を一瞬で失う。

親友に裏切られる。

など。

その人が最高の一つを失ったときに、ほかにも最高を持っていたり、別の最高を目指せたりしたらどうか。

お金の話は一時、中止しよう。お金があれば最高になれることが安易になるが、そう簡単に億万長者にはなれない。

ある男が、最高のうちの三つを失った。周囲の人たちは、その男がなぜ泣かないのか、なぜ挫けないのか、なぜ鬱にならないのか首を傾げた。

その男には「唯美主義」という聞き慣れない楽しいばかりの考え方があって、美しいものが最高だという心理がいつもあった。預金のすべてを失い、なのに税金に追われても、わずかに残った沖縄の写真や美女の写真を見て、日々を過ごし、夢を見ることができた。仕事が復調してきてお金が出来たら、新緑が眩しい山の奥の温泉に一人で行った。以前に愛した女はおらず、「先生」と慕ってきていた男たちもほとんど消えた。

それでもその男は、新緑と清流の光の中を飛ぶカワセミや水遊びをしている素足の美女を見て、心を癒していた。

「最高だ。またここに来よう」

彼にはそんな場所が日本だけではなく、海外にもあった。部屋の中にも、遠い将来の夢の中にも無数にあった。

彼にとって「最悪」は体が完全に動かなくなることだけだった。逆に、「最高」は美しいものを求めることのほかにもまだまだあった。それもまた大雑把で、「人と違うことをする」という快楽主義的な行動力だった。世間が勝手に決めた倫理観など無視していた。「犯罪にならなければよい」という態度だった。

「尊敬する偉人たちは皆、そうだったじゃないか。時代が違う？　俺は時代に迎合しない」

そう嘯《うそぶ》いていた。尊敬する偉人は、オスカー・ワイルドやデヴィッド・ボウイ、ピカソらで、豪快に遊び、死んでいった男たちばかりだった。もちろん、彼らも唯美主義者だった。

地獄から少しだけ抜け出した彼は、娘ほど歳の離れた若い美女とデートをしたり、医師の制止を無視してボルダリングを始めたりした。お腹を切った体で、しかも五十歳を過ぎてから始めたボルダリングで、三級を登れるほどになった。ゴルフのドライバーの飛距離は、手術前、四十九歳のときよりも伸びた。

「また進化した。最高だ」

いつか進化は止まり、死に至る。だが、それはどんな天才もそう。アインシュタインもゲーテもマイケル・ジャクソンも……。

そう、これは私の話である。

私が挫けないのは、頭の中に「最悪」が少ししかなく、「最高」がすぐに目の前に見えるくらいいっぱいあるからだ。

あなたにもそうなってほしい。

【著者紹介】
里中李生　（さとなか・りしょう）
本名：市場充。三重県生まれ。作家、エッセイスト。20歳の頃に上京し、30歳から写真家、フリーライターを経て作家活動を始める。時代に流されない、物事の本質を突いた辛口な自己啓発論、仕事論、恋愛論を展開する。「強い男論」「優しい女性論」を一貫して書き続け、物事の本質をずばり突くその主義、主張、人生哲学は、男女問わず幅広い層から熱狂的な支持を得ている。ベストセラーやロングセラー多数。著書の発行累計は260万部を超えている。代表作に『一流の男、二流の男』『男は一生、好きなことをやれ！』『成功者はみな、怒りを秘めている』『この「こだわり」が、男を磨く』（以上、三笠書房）、『「孤独」が男を変える』（フォレスト出版）、『一流の男のお金の稼ぎ方』『男はお金が9割』『一流の男が絶対にしないこと』『男の価値は「行動」で決まる』『大人の男は隠れて遊べ』（以上、総合法令出版）、『「孤独」の読書術』（学研プラス）。web小説『衝撃の片想い』も好評連載中。

◆里中李生オフィシャルウェブサイト
http://www.satonaka.jp/

成功者は「逆」に考える

2019年7月26日　初版発行

著　者　里中李生
発行者　野村直克
発行所　総合法令出版株式会社
〒103-0001 東京都中央区日本橋小伝馬町15-18
ユニゾ小伝馬町ビル9階
電話　03-5623-5121

印刷・製本　中央精版印刷株式会社

落丁・乱丁本はお取替えいたします。

ISBN 978-4-86280-682-6

総合法令出版ホームページ　http://www.horei.com/